Am Anfang war der Mord

Am Anfang war der Mord

Die spannendsten Kriminalgeschichten der Bibel

Ausgewählt und eingeleitet von Bertram Salzmann

Deutsche Bibelgesellschaft
edition chrismon

Neuauflage des 2003 veröffentlichten Buches mit dem Titel
»Kriminalgeschichten der Bibel«

Bibeltext:
Gute Nachricht Bibel
Revidierte Fassung, durchgesehene Ausgabe
© 2000 Deutsche Bibelgesellschaft, Stuttgart

Die Deutsche Bibelgesellschaft ist eine kirchliche Stiftung des öffentlichen Rechts. Sie übersetzt die biblischen Schriften, entwickelt und verbreitet innovative Bibelausgaben und eröffnet für alle Menschen Zugänge zur Botschaft der Bibel. International verantwortet sie die wissenschaftlichen Bibelausgaben in den Ursprachen. Durch die Weltbibelhilfe unterstützt sie in Zusammenarbeit mit dem Weltverband der Bibelgesellschaften (United Bible Societies) weltweit die Übersetzung und Verbreitung der Bibel, damit alle Menschen die Bibel in ihrer Sprache lesen können.
Weitere Informationen finden Sie unter www.die-bibel.de

ISBN 978-3-438-04814-1 (Deutsche Bibelgesellschaft)
ISBN 978-3-96038-098-6 (edition chrismon)

© 2003/2017 Deutsche Bibelgesellschaft, Stuttgart
Satz: Typograffiti Birgit Neumann, Neckartenzlingen
Einband: JoussenKarliczek GmbH, Schorndorf
Titelabbildung: iStock, © den-belitsky
Gesamtherstellung: Livoniaprint, Riga
Alle Rechte vorbehalten
Printed in Latvia

www.die-bibel.de
www.eva-leipzig.de

Wenn Krimi und Bibel sich treffen

Warum mögen wir Krimis? Was reizt uns an Büchern oder Filmen, in denen Untaten begangen und Verbrechen verfolgt werden? Warum betrachten wir das, was uns in Wirklichkeit eher abschreckt oder Angst macht, mit größter Faszination, wenn es uns zwischen zwei Buchdeckeln oder auf dem Bildschirm begegnet?

Der Reiz von Krimis für Menschen jeden Alters und aus allen gesellschaftlichen Gruppen hat viele Gründe. Zu den wichtigsten gehört natürlich die Spannung. Wir fragen uns: Wer ist der Täter? Wie ging die Tat vonstatten? Wird er – oder seltener: wird sie – geschnappt? Wir rätseln mit, wenn es um die Aufklärung des Falles geht, und fiebern mit bei der abschließenden Verfolgungsjagd. Wir selbst jagen die Täter vom Lesesessel oder vom Wohnzimmersofa aus und lassen nicht locker, bis sie hinter Schloss und Riegel sind.

Spannend muss ein Krimi also sein, aber Spannung ist nicht alles. Von einem guten Krimi erwarten wir nicht nur, dass er uns auf die Folter spannt, sondern auch, dass er uns Einblick in das Denken und Fühlen interessanter Personen vermittelt. Von den Menschen, denen wir begegnen, wollen wir mehr erfahren, als was sie tun, um ein Verbrechen zu vertuschen oder aufzuklären. Wir wollen sie als Charaktere kennen lernen, mit ihren Meinungen, Motiven und Marotten. Gute Krimis sind deshalb immer auch Psychogramme. Sie zeichnen Menschen mit ihren Stärken und Schwächen, beschreiben nicht nur, was sie tun, sondern lassen auch erkennen, was sie dazu bringt. Das gilt für die Seite der Kriminellen ebenso wie für die der Kriminalisten. Hier wie dort erlauben Krimis einen Blick in das Innere von Menschen, die – jeweils auf ihrem Gebiet – zu Außergewöhnlichem fähig sind.

Nicht weniger als das Innere der dargestellten Personen erkunden Krimis das Innere von sozialen Beziehungen. Lesend oder zuschauend erleben wir, wie zwischenmenschliche Konflikte zu Verbrechen führen oder kriminelle Untaten aus gesellschaftlichen Missverhältnissen erwachsen. Ebenso wichtig ist das Soziale bei der Aufklärung und Ahndung von Verbrechen. Wenn Kommissar(in) und Tatverdächtige(r) sich gegenübersitzen, geht es immer auch um ihr zwischenmenschliches Verhältnis, wenn sich die Zellentür hinter einem Überführten schließt, immer auch um ein gesellschaftliches Interesse. Nicht von ungefähr entwickeln sich gute Krimis deshalb oft zu kleinen Sozialstudien.

Schließlich gehört zum besonderen Reiz von Krimis, dass sie uns entlasten. Das scheint zunächst der fesselnden Wirkung während der Lektüre zu widersprechen, gilt aber nichtsdestotrotz. Denn zum einen müssen am Ende ja nicht *wir* vor den Richter treten, selbst wenn wir im Geiste mit von der Partie waren. Zum anderen enden Kriminalgeschichten in der Regel mit der Aufklärung des Falles und gönnen uns damit das Gefühl, dass die chaotische Welt, in der wir leben, doch noch durchschaut und die Störungen ihres Gleichgewichts wieder in Ordnung gebracht werden können. Auch wenn dafür besonders scharfsinnige Kommissare und außergewöhnlich tatkräftige Ermittlerinnen nötig sind, scheint letztlich doch garantiert, dass Aufrichtigkeit siegt und dem Unrecht Einhalt geboten wird. So sehr Krimis durch ihre spannende Handlung den Pulsschlag in die Höhe treiben, so sehr tragen sie mit dieser Wirkung zugleich zur Stabilisierung unseres Gefühlshaushaltes bei. Die Aufputschwirkung bei der Lektüre entlädt sich in einem erleichterten Aufatmen, wenn wir den Buchdeckel zuklappen oder den Fernseher ausknipsen.

Spannung, psychologische und soziologische Tiefenschärfe sowie moralische Sinnstiftung – die Kriminalgeschichten der Bibel haben in diesen Punkten nicht weniger zu bieten als die Krimis unserer Tage. Auch wenn nicht jede von ihnen alle diese Ansprüche gleichermaßen erfüllt, lohnt sich ihre Lektüre auch mehr als 2000 Jahre nach ihrer Entstehung. Allein die große Anzahl biblischer Geschichten, in denen Verbrechen begangen und aufgeklärt werden, müsste Krimifreunde aufmerken lassen. Die vorliegende Auswahl von 25 Texten deckt das Feld noch keineswegs vollständig ab. Vom kleinen Eigentumsdelikt bis hin zum staatlich geplanten Massenmord reicht die Bandbreite der erzählten Vergehen, von Gier über Eifersucht und Hass bis zum politischen Kalkül die Liste der Tatmotive. Könige finden sich ebenso unter den Tätern wie Straßenräuber, schutzlose Frauen gehören genauso zu den Opfern wie eifrige Propheten. Streckenweise liest sich die Bibel fast wie eine Kriminalgeschichte der Menschheit.

Um Tathergang und Identität des Täters machen die biblischen Geschichten im Unterschied zu vielen Krimis unserer Tage meist kein Geheimnis. Oft sehen wir selber lesend zu, wie das Verbrechen begangen wird. Die kriminalistische Spannung der Erzählungen speist sich dann vor allem aus der Frage, ob und wie der Täter entdeckt und durch wen er zur Rechenschaft gezogen wird. In zahlreichen Fällen nimmt Gott selbst oder ein von ihm Beauftragter die Ermittlungen auf. Vielfältig und ausgefallen sind die Methoden, die dabei zum Einsatz kommen. Die für den Krimi typische Höchstleistung des Kommissars steigert sich teilweise bis in den Bereich des Wunderbaren.

Woher kommt das »kriminalistische« Engagement Gottes, das diese Geschichten erkennen lassen? Nach dem Zeugnis der Bibel entspringt es vor allem seinem Gerechtigkeitssinn. Gott fühlt sich durch das von Menschen begangene Unrecht persönlich herausgefordert und zum Eingreifen gedrängt. Denn schließlich ist jedes Verbrechen auch ein Aufstand gegen den, der den Menschen das Leben geschenkt und ihnen Regeln für ein friedliches und gerechtes Zusammenleben gegeben hat. Die kriminelle Untat bedeutet deshalb immer auch ein Vergehen gegen Gott. Im Kern spiegelt sich somit in jedem Kriminalfall jener erste Fall wider, der die Menschen das Paradies gekostet hat: der Sündenfall.

Um seiner selbst willen wie um der Opfer willen kann Gott das Unrecht nicht einfach ignorieren. Dennoch werden in der Bibel nicht alle Verbrechen sofort durch ihn gesühnt. Manchmal wird der Täter gar nicht ermittelt, manchmal verzichtet Gott bewusst auf die Strafverfolgung und lässt den Dingen ihren Lauf. Das hängt dann meist mit seinen weiter gehenden Plänen zusammen. Trotzdem ist es in den Kriminalgeschichten der Bibel Gott, der in allem kriminellen Chaos die Aufrechterhaltung von Ordnung verbürgt und sichert. Er kommt noch dem raffiniertesten Verbrecher auf die Schliche, vor seinem plötzlichen Zugriff ist kein Täter sicher. Damit stärkt die Bibel im Unterschied zu vielen heutigen Krimis das Vertrauen in einen endlichen Sieg des Guten und der Gerechtigkeit nicht einfach durch den glücklichen Ausgang ihrer Kriminalgeschichten, sondern indem sie mit diesen Geschichten auf die Macht und das heilschaffende Wirken Gottes verweist. Dies gilt auch dort, wo sich Gottes Handeln nicht unmittelbar in der Ahndung eines Verbrechens zeigt, sondern wo er dem Bösen Raum und Zeit lässt. Auch mit diesen Geschichten will die Bibel letztlich das Vertrauen stärken, dass Gott die Welt trotz aller menschlichen Untaten nicht im Stich lässt, sondern den endzeitlichen Sieg des Guten und der Gerechtigkeit garantiert.

Der Graben, der uns wegen Veränderungen in gesellschaftlichen Verhältnissen, religiösen Bräuchen, moralischen Vorstellungen und rechtlichen Bestimmungen von den biblischen Kriminalgeschichten trennt, ist also kleiner, als es zunächst scheinen mag. Nicht nur, dass sie uns als spannende Krimis unmittelbar ansprechen; als Erzählungen von Schuld und Sühne, von menschlichem Vergehen und göttlicher Gerechtigkeit behandeln sie auch Grundfragen unseres Daseins. Zum einfacheren Verständnis können einige Hintergrundinformationen hilfreich sein, die jeweils innerhalb der kurzen Einleitungen zu den folgenden Bibeltexten gegeben werden. Wenn durch sie das unmittelbare Verstehen der Situation erleichtert ist, können Handlung, Personal und Pointen ihren Reiz umso direkter entfalten. Der theologische Gehalt der Geschichten erlaubt es dann, dass man beim Lesen nicht nur einem Verbrechen, sondern zugleich sich selbst auf die Spur kommt, dass man nicht nur einen Fall löst, sondern auch den eigenen Fall entdeckt. Deshalb können Menschen, die als Leserinnen oder Leser von Kriminalgeschichten zwangsläufig auf der Suche nach Klarheit und Sinn sind, in diesen Geschichten auch Sinn und Orientierung für ihr eigenes Leben finden.

Am Anfang stand ein Mord

Kain und Abel

Am Anfang der Menschheitsgeschichte steht nach dem Zeugnis der Bibel ein Mord; schlimmer noch: ein Brudermord. Kain erschlägt seinen Bruder Abel. Wie es dazu kommt, wird nur mit ganz wenigen Sätzen erzählt. Am Motiv bleibt trotzdem kein Zweifel: Eifersucht. Obwohl die Tat zunächst wie eine Handlung im Affekt aussieht, ist sie in Wahrheit ein genau geplantes Verbrechen. Kain lockt Abel gezielt an einen Ort, wo er ihn ohne Zeugen umbringen kann. Damit geht es in diesem Fall nicht nur um Totschlag, sondern um Mord, vorsätzlich und mit Bedacht ausgeführt.

Dass in der Bibel schon das erste Bruderpaar der Menschheit auf diese Weise ein Opfer der Gewalt wird, lässt tief blicken. Es zeigt, dass der Mensch von Anfang an und also von seiner Natur her in der Gefahr steht, das Zusammenleben mit seinem Nächsten gewaltsam zu stören und zu zerstören. Diese Gefahr hängt wie ein Schwert am seidenen Faden über jeder menschlichen Beziehung, weil der Mensch zum Bösen fähig ist und es nicht immer schafft, der Verführung zum Verbrechen zu widerstehen. Untaten wie den von Kain verübten Brudermord will die Geschichte damit keineswegs entschuldigen. Sie will sie vielmehr als eine menschliche Realität vor Augen führen, mit der man rechnen und auf die man reagieren muss.

Wie der Fortgang der Geschichte zeigt, gilt das auch für Gott. Auch er muss sich mit diesem Verbrechen auseinandersetzen, auch seine Reaktion ist gefragt. Nach dem Verschwinden Abels tritt er als Ermittler auf den Plan und löst den Fall im Handumdrehen. Im Anschluss an ein extrem kurzes Verhör sagt er dem Täter den Mord auf den Kopf zu.

Die Geschichte von Kain und Abel ist also eine Art Kurzkrimi, in dem Tatmotiv, Tatvorbereitung, Tatausführung, Täterverfolgung und Täterermittlung nur in äußerster Knappheit geschildert werden, die aber zugleich im Brudermord als »Urverbrechen« der Menschheit die ganze Geschichte menschlicher Kriminalität zusammenfasst. Dass Gott in diesem Fall selbst die Strafverfolgung übernimmt, ist keineswegs ein Zufall. Als Schöpfer allen Lebens ist er vielmehr durch den Mord an Abel direkt mit getroffen, denn das Leben, das er Abel geschenkt hatte, wurde durch Kain mutwillig ausgelöscht.

Selbst noch in seiner Strafe für Kain erweist sich Gott als Anwalt des Lebens – nicht nur, weil er diesem sein Leben belässt, sondern auch, weil er ihn zusätzlich durch ein besonderes Zeichen vor der Tötung durch andere bewahrt. Ohne den Schutz einer Gemeinschaft hätte diese ihm sonst sofort gedroht. Nicht Rache und Vergeltung sind also der Maßstab für Gottes Strafe, sondern der Schutz des Lebens, selbst noch des Mörders.

Aus heutiger Sicht mag man vielleicht das Recht auch dieser Strafe noch in Frage stellen und mildernde Umstände für Kain geltend machen. Immerhin ist er selbst das Opfer einer verletzenden Ungleichbehandlung durch Gott geworden. Warum reagierte Gott auch so unterschiedlich auf die Opfer der beiden Brüder? – Die biblische Geschichte gibt auf diese Frage keine Antwort. Sie lässt sie aber auch nicht als Ausrede für Kain gelten. Ihr geht es um das Faktum des Verbrechens. Dieses darf nicht folgenlos bleiben, und deshalb schaltet sich Gott selbst in den Fall ein, nachdem er Kain zuvor schon gewarnt hatte. Die Geschichte als ganze zeigt: Auch wenn Gottes Warnungen fruchtlos bleiben, auch wenn es dem Menschen nicht gelingt, Herr über die Sünde zu sein, bleibt Gott doch der Herr des menschlichen Lebens, für das er noch über den Tod hinaus eintritt. (1. Mose / Genesis 4,1-16)

A dam schlief mit seiner Frau Eva, und sie wurde schwanger. Sie brachte einen Sohn zur Welt und sagte: »Mit Hilfe des Herrn habe ich einen Mann hervorgebracht.« Darum nannte sie ihn Kain.

Später bekam sie einen zweiten Sohn, den nannte sie Abel. Abel wurde ein Hirt, Kain ein Bauer.

Einmal brachte Kain von seinem Ernteertrag dem Herrn ein Opfer. Auch Abel brachte ihm ein Opfer; er nahm dafür **15** die besten von den erstgeborenen Lämmern seiner Herde. Der HERR blickte freundlich auf Abel und sein Opfer, aber Kain und sein Opfer schaute er nicht an.

Da stieg der Zorn in Kain hoch und er blickte finster zu Boden. Der HERR fragte ihn: »Warum bist du so zornig? Warum starrst du auf den Boden? Wenn du Gutes im Sinn hast, kannst du den Kopf frei erheben; aber wenn du Böses planst, lauert die Sünde vor der Tür deines Herzens und will dich verschlingen. Du musst Herr über sie sein!«

Kain aber sagte zu seinem Bruder Abel: »Komm und sieh dir einmal meine Felder an!«

Und als sie draußen waren, fiel er über seinen Bruder her und schlug ihn tot.

Der HERR fragte Kain: »Wo ist dein Bruder Abel?«

»Was weiß ich?«, antwortete Kain. »Bin ich vielleicht der Hüter meines Bruders?«

»Weh, was hast du getan?«, sagte der HERR. »Hörst du nicht, wie das Blut deines Bruders von der Erde zu mir schreit? Du hast den Acker mit dem Blut deines Bruders getränkt, deshalb stehst du unter einem Fluch und musst das fruchtbare Ackerland verlassen. Wenn du künftig den Acker bearbeitest, wird er dir den Ertrag verweigern. Als heimatloser Flüchtling musst du auf der Erde umherirren.«

Kain sagte zum HERRN: »Die Strafe ist zu hart, das überlebe ich nicht! Du vertreibst mich vom fruchtbaren Land und aus deiner schützenden Nähe. Als heimatloser Flüchtling muss ich umherirren. Ich bin vogelfrei, jeder kann mich ungestraft töten.«

Der HERR antwortete: »Nein, sondern ich bestimme: Wenn dich einer tötet, müssen dafür sieben Menschen aus seiner Familie sterben.«

Und er machte an Kain ein Zeichen, damit jeder wusste: Kain steht unter dem Schutz des HERRN. Dann musste Kain aus der Nähe des HERRN weggehen. Er wohnte östlich von Eden im Land Nod.

Kriminelles aus
den besten Familien

Vor dem Hintergrund der Kain-und-Abel-Geschichte trägt jeder Mord eines Menschen an einem anderen die Züge eines Brudermordes. Dennoch fällt das Verbrechen innerhalb der eigenen Familie auch in der Bibel aus allen Untaten heraus. Dass Menschen, die in täglicher Gemeinschaft zusammenleben, einander befeinden, betrügen und sogar Gewalt gegeneinander anwenden, war zu biblischer Zeit ebenso wenig eine Seltenheit wie heute. Doch auch damals schon galten Verbrechen im Familienkreis als besonders gravierend. Sie missachteten die Bande, die durch gemeinsame Abstammung und tägliches Zusammenleben begründet werden, und verstießen gegen das Gebot einer umfassenden Solidarität gegenüber den eigenen Familienangehörigen.

Auffallend ist an den Geschichten der hebräischen Bibel, des christlichen Alten Testaments, dass sie Untaten gegenüber Geschwistern, Eltern und Verwandten nicht nur irgendwelchen Fremden zur Last legen, sondern von entsprechenden Fällen auch in den Familien der Urahnen des Volkes Israel erzählen. Gegen jede Tendenz zur Beschönigung und Idealisierung wird hier festgehalten, dass auch die Menschen, auf die man die eigene Abstammung zurückführt, anfällig für Betrug und Verbrechen waren. Das gilt für den Erzvater Jakob ebenso wie für dessen Söhne. Und auch die Frauen spielen in diesem Zusammenhang eine nicht unbedeutende Rolle.

Betrug an Bruder und Vater
Jakob, Isaak und Esau

Das erste Buch der Bibel hängt an die Erzählungen aus der Urgeschichte der Menschheit, zu denen die Geschichte von Kain und Abel gehört, die Anfangsgeschichte des von Gott erwählten Volkes, des Volkes Israel an. Hier tauchen die berühmten Ahnherren und Ahnfrauen auf, von Abraham und Sara über Isaak und Rebekka bis hin zu Jakob, Rahel und Lea. Im Mittelpunkt der Erzählungen steht die Erwählung dieser Personen durch Gott. Damit geht es indirekt zugleich um das besondere Gottesverhältnis des Volkes Israel, das sich auf diese Erzeltern zurückführt.

Beim Übergang von der zweiten zur dritten Generation der Urahnen Israels kommt es zu einem Konflikt, der kriminelle Ausmaße annimmt. Jakob, der jüngere Sohn Isaaks, macht seinem älteren Bruder Esau das Erstgeburtsrecht und damit den väterlichen Segen streitig. Mit diesem Segen wird aber zugleich der Segen Gottes weitergegeben, den Jakobs Großvater Abraham und sein Vater Isaak von

19

Gott selbst erhielten. Beim Streit um diesen Segen geht es also auch darum, welcher der beiden Söhne und damit wer von den Nachkommen künftig auf die besondere Zuwendung Gottes zählen kann. Indirekt spiegelt sich in der Geschichte von Jakob und Esau die Rivalität der beiden Nachbarvölker Israel und Edom wider, die in der Bibel auf die beiden Erzväter zurückgeführt werden.

Das sich nun abspielende Kriminaldrama hat zwei Akte. Im ersten Akt nutzt Jakob eine Notsituation seines Bruders Esau aus, um diesem sein Erstgeburtsrecht abzuhandeln; doch damit hat er noch nicht den Segen. Den erschleicht er sich später mit Hilfe seiner Mutter Rebekka, die als Anstifterin und Drahtzieherin im Hintergrund ihren Lieblingssohn auf die Idee eines raffinierten Betruges bringt. Obwohl Isaak Verdacht schöpft und einigen detektivischen Spürsinn aufwendet, um die Situation zu durchschauen, kann sich Jakob den väterlichen Segen ergaunern. Esau, der zu spät merkt, was gespielt wird, hat das Nachsehen, da nach damaligem Verständnis der Segen mit dem Akt des Aussprechens wirksam wird und weder zurückgenommen noch einer anderen Person erneut zugesprochen werden kann. Er sinnt deshalb auf Rache, der Jakob nur durch eine von Rebekka geplante Flucht entgehen kann.

Die biblische Geschichte stellt die Handlung Jakobs ohne alle Beschönigung als das dar, was sie ist: ein verwerflicher Betrug, der mit Hinterlist und Heimtücke ausgeführt wird. Mit der Berufung auf die angebliche Hilfe

Gottes treibt Jakob sein falsches Spiel auf die Spitze. Dennoch ahndet Gott in diesem Fall das Vergehen nicht, sondern lässt den Dingen ihren Lauf. Die Bibel erklärt dies damit, dass das Ergebnis des Betrugs in Gottes Heilsplan passt, in dem ohnehin Jakob der von Gott auserwählte der beiden Brüder war. Die Tat selbst wird dadurch allerdings nicht gerechtfertigt. Das zeigt sich unter anderem daran, dass Jakob selbst Gewissensbisse wegen seines Betrugs plagen und er seinem Bruder kaum noch einmal unter die Augen zu treten wagt. Erst die Großherzigkeit, mit der Esau Jakob bei einer späteren Begegnung selbst verzeiht, bringt die Sache wieder in Ordnung. (1.Mose / Genesis 25,27-34; 27,1-45)

Isaaks Kinder wuchsen heran. Esau wurde ein Jäger, der am liebsten in der Steppe umherstreifte. Jakob wurde ein häuslicher, ruhiger Mensch, der bei den Zelten blieb. Ihr Vater, der gerne Wild aß, hatte eine Vorliebe für Esau; Jakob aber war der Liebling der Mutter.

Als Esau einmal erschöpft nach Hause kam, hatte Jakob gerade Linsen gekocht.

»Gib mir schnell etwas von dem roten Zeug da, dem roten«, rief Esau, »ich bin ganz erschöpft!«

Daher bekam Esau den Beinamen Edom.

Jakob sagte: »Nur wenn du mir vorher dein Erstgeburtsrecht abtrittst!«

»Ich sterbe vor Hunger«, erwiderte Esau, »was nützt mir da mein Erstgeburtsrecht!«

»Das musst du mir zuvor schwören!«, sagte Jakob.

Esau schwor es ihm und verkaufte so sein Erstgeburtsrecht an seinen Bruder. Dann gab ihm Jakob eine Schüssel gekochte Linsen und ein Stück Brot. Als Esau gegessen und getrunken hatte, stand er auf und ging weg. Sein Erstgeburtsrecht war ihm ganz gleichgültig.

Isaak war alt geworden und konnte nicht mehr sehen. Da rief er eines Tages seinen älteren Sohn Esau zu sich und sagte:»Mein Sohn!«

»Ja, Vater?«, erwiderte Esau.

Isaak sagte:»Ich bin alt und weiß nicht, wie lange ich noch lebe. Deshalb nimm Pfeil und Bogen, jage ein Stück Wild und bereite mir ein leckeres Gericht, wie ich es gern habe. Ich will mich stärken, damit ich dich segnen kann, bevor ich sterbe.«

Rebekka hatte das Gespräch mit angehört. Als Esau gegangen war, um für seinen Vater das Wild zu jagen, sagte sie zu Jakob:»Ich habe gehört, wie dein Vater zu deinem Bruder Esau sagte: ›Jage mir ein Stück Wild und bereite mir ein leckeres Gericht! Ich will mich stärken und dich segnen, bevor ich sterbe.‹ Darum hör auf mich, mein Sohn, und tu, was ich dir sage: Hol mir von der Herde zwei schöne Ziegenböckchen! Ich werde daraus ein leckeres Gericht bereiten, wie es dein Vater gern hat. Das bringst du ihm dann, damit er dich vor seinem Tod segnet.«

»Aber Esaus Haut ist behaart und meine ist glatt«, erwiderte Jakob.»Wenn mich nun mein Vater betastet, merkt er den Betrug, und statt mich zu segnen, verflucht er mich.«

Doch seine Mutter beruhigte ihn: »Der Fluch soll auf mich fallen, mein Sohn! Tu, was ich dir gesagt habe, und bring mir die Böckchen!«

Jakob holte sie, und seine Mutter bereitete ein Gericht zu, wie sein Vater es gern hatte. Darauf holte Rebekka das Festgewand Esaus, ihres Älteren, das sie bei sich aufbewahrte, und zog es ihrem jüngeren Sohn Jakob an. Die Felle der Böckchen legte sie ihm um die Handgelenke und um den glatten Hals. Dann gab sie ihm das leckere Fleischgericht und dazu Brot, das sie frisch gebacken hatte.

Jakob ging zu Isaak ins Zelt und sagte: »Mein Vater!«

»Ja«, sagte Isaak; »welcher von meinen Söhnen bist du?«

»Esau, dein Erstgeborener«, antwortete Jakob. »Ich habe deinen Wunsch erfüllt. Setz dich auf und iss von meinem Wild, damit du mich segnen kannst.«

»Wie hast du so schnell etwas gefunden, mein Sohn?«, fragte Isaak.

Jakob erwiderte: »Der HERR, dein Gott, hat es mir über den Weg laufen lassen.«

»Tritt näher«, sagte Isaak, »ich will fühlen, ob du wirklich mein Sohn Esau bist.«

Jakob trat zu seinem Vater. Der betastete ihn und sagte: »Die Stimme ist Jakobs Stimme, aber die Hände sind Esaus Hände.«

Er erkannte Jakob nicht, weil seine Hände behaart waren wie die seines Bruders. Darum wollte er ihn segnen. Aber **23** noch einmal fragte Isaak: »Bist du wirklich mein Sohn Esau?«

Jakob antwortete: »Ja, der bin ich.«

»Dann bring mir das Gericht!«, sagte Isaak. »Ich will von dem Wild meines Sohnes essen und ihn dann segnen.«

Jakob gab ihm das Gericht und sein Vater aß, dann reichte er ihm Wein und er trank. Darauf sagte Isaak: »Komm her, mein Sohn, und küsse mich!«

Jakob trat heran und küsste ihn. Isaak roch den Duft seiner Kleider, da sprach er das Segenswort: »Mein Sohn, du duftest kräftig wie die Flur, wenn sie der HERR mit seinem Regen tränkt. Gott gebe dir den Tau vom Himmel und mache deine Felder fruchtbar, damit sie Korn und Wein in Fülle tragen! Nationen sollen sich vor dir verneigen, und Völker sollen deine Diener werden. Du wirst der Herrscher deiner Brüder sein, sie müssen sich in Ehrfurcht vor dir beugen. Wer dich verflucht, den soll das Unglück treffen; doch wer dir wohl will, soll gesegnet sein!«

So segnete Isaak seinen Sohn Jakob. Kaum aber war er damit fertig und kaum war Jakob aus dem Zelt gegangen, da kam auch schon sein Bruder Esau von der Jagd zurück. Auch er bereitete ein leckeres Gericht, brachte es zu seinem Vater und sagte: »Mein Vater, setz dich auf und iss von meinem Wild, damit du mich segnen kannst!«

»Wer bist denn *du*?«, fragte Isaak. »Dein Sohn Esau, dein Erstgeborener«, war die Antwort.

Da begann Isaak vor Schreck heftig zu zittern. »Wer?«, rief er. »Wer war dann der, der soeben von mir ging? Er hat ein

Wild gejagt und es mir gebracht, und ich habe davon gegessen, bevor du kamst. Ich habe ihn gesegnet und kann es nicht mehr ändern – er wird gesegnet bleiben!«

Esau schrie laut auf, als er das hörte, voll Schmerz und Bitterkeit. »Vater«, rief er, »segne mich auch!«

Aber Isaak erwiderte: »Dein Bruder ist gekommen und hat dich mit List um deinen Segen gebracht.«

»Zu Recht trägt er den Namen Jakob«, sagte Esau. »Schon zum zweiten Mal hat er mich betrogen: Erst nahm er mir das Erstgeburtsrecht und jetzt auch noch den Segen. Hast du denn keinen Segen mehr für mich übrig?«

Isaak antwortete: »Ich habe ihn zum Herrscher über dich gemacht; alle seine Brüder müssen ihm dienen. Mit Korn und Wein habe ich ihn reichlich versehen. Was bleibt mir da noch für dich, mein Sohn?«

Esau sagte: »Hast du nur den *einen* Segen, Vater? Segne mich auch!«

Und er begann laut zu weinen.

Da sagte Isaak: »Weit weg von guten Feldern wirst du wohnen, kein Tau vom Himmel wird dein Land befeuchten, ernähren musst du dich mit deinem Schwert! Du wirst der Sklave deines Bruders sein; doch eines Tages stehst du auf und wehrst dich und wirfst sein Joch von deinen Schultern ab!«

Esau konnte es Jakob nicht vergessen, dass er ihn um den väterlichen Segen gebracht hatte. Er dachte: »Mein Vater lebt nicht mehr lange. Wenn die Trauerzeit vorüber ist, werde ich meinen Bruder Jakob umbringen.«

Rebekka wurde zugetragen, dass ihr älterer Sohn Esau solche Reden führte. Da ließ sie Jakob, den jüngeren Sohn, rufen und sagte zu ihm:»»Dein Bruder Esau will sich an dir rächen und dich umbringen. Darum hör auf mich, mein Sohn! Flieh nach Haran zu meinem Bruder Laban! Bleib einige Zeit dort, bis sich der Zorn deines Bruders gelegt hat – bis er dir nicht mehr so böse ist und nicht mehr daran denkt, was du ihm angetan hast. Ich werde dir Nachricht schicken, wenn du wieder zurückkehren kannst. Ich will euch doch nicht beide an *einem* Tag verlieren!«

Verwandte hinters Licht geführt
Jakob, Laban und Rahel

Es gehört zur Ironie der biblischen Geschichte, dass der Betrüger Jakob am Ziel seiner Flucht wenig später selbst Opfer eines raffinierten Betruges wird. Sein Onkel Laban jubelt ihm die weniger attraktive und ältere seiner beiden Töchter unter, obwohl Jakob es auf die schönere und jüngere abgesehen hatte. Jakob revanchiert sich durch eine nicht ganz astreine Abmachung über die Verteilung der Viehbestände, durch die er sich auf Kosten Labans bereichern kann. Das seltsame Zuchtverfahren, das er dabei anwendet, geht von der magischen Vorstellung aus, dass optische Eindrücke während der Zeugung oder Schwangerschaft das Aussehen der Nachkommen beeinflussen können. Schließlich kommt es jedoch zum

Bruch zwischen Jakob und seinem Onkel und der zu gro-
ßem Besitz gekommene Schwiegersohn macht sich mit
seinen beiden Frauen aus dem Staub.

In die Fluchtepisode ist eine kleine Diebstahlgeschichte
eingewoben, die Laban in der Rolle eines ohnmächtigen
Ermittlers, Rahel hingegen als eine durchtriebene, mit
allen Wassern gewaschene Gaunerin zeigt. Bei dem
»Hausgott«, den sie entwendet und mit weiblicher List
vor den Nachforschungen ihres Vaters versteckt, handelt
es sich um eine kleine Götterstatue, der Schutzfunktion
zugeschrieben wurde.

Bei all diesen üblen Machenschaften im Verwandtenkreis
sieht Gott zu, ohne einzugreifen. Trotz aller Lumpereien
Jakobs lässt er keinen Zweifel daran, dass er auf dessen
Seite steht. Allerdings erscheint Gott auch Laban im
Traum, weshalb es letztlich sein Verdienst ist, dass der
Konflikt nicht in Gewalt endet, sondern mit einem Vertrag
friedlich beigelegt wird. In ihm regeln Jakob und Laban
ihre Beziehung und halten fest, dass Gott selbst über die
Einhaltung der Abmachungen wachen soll. (1. Mose / Ge-
nesis 29,1-30; 30,25–32,1)

Jakob machte sich auf den Weg und wanderte weiter,
dem Steppenland im Osten zu. Eines Tages kam er am
Rand der Steppe zu einem Brunnen, aus dem die Hirten
der Gegend ihr Vieh tränkten. Drei Herden Schafe und Ziegen lagerten dort; aber der große Stein lag noch auf dem
Brunnenloch. Die Hirten warteten für gewöhnlich, bis alle

Herden beisammen waren; dann schoben sie den Stein weg, tränkten die Tiere und schoben den Stein wieder an seinen Platz.

»Meine Brüder, wo seid ihr zu Hause?«, fragte Jakob die Hirten.

»In Haran«, antworteten sie.

Er fragte weiter: »Kennt ihr dort Laban, den Sohn Nahors?«

»Gewiss«, sagten sie.

»Geht es ihm gut?«, wollte Jakob wissen.

»O ja«, war die Antwort; »da drüben kommt gerade seine Tochter Rahel mit ihrer Herde!«

»Warum wartet ihr eigentlich hier?«, sagte Jakob. »Die Sonne steht noch hoch und es ist zu früh, um die Herden zusammenzutreiben. Tränkt sie und lasst sie wieder weiden!«

Die Hirten erwiderten: »Das geht nicht! Erst müssen die anderen Herden hier sein. Dann schieben wir miteinander den Stein weg und geben dem Vieh zu trinken.«

Während er noch mit ihnen redete, war auch schon Rahel mit der Herde herangekommen. Sie war Hirtin und hütete die Schafe und Ziegen ihres Vaters. Jakob sah Rahel und ihre Herde, und er sagte sich: »Sie ist die Tochter Labans, des Bruders meiner Mutter, und das hier sind die Schafe und Ziegen Labans, des Bruders meiner Mutter!« Und er ging zum Brunnen, schob den Stein zur Seite und tränkte die Tiere Labans, des Bruders seiner Mutter. Dann küsste er Rahel und weinte laut. Er sagte ihr, dass er der Neffe ihres Vaters und ein Sohn von Rebekka sei; und sie lief zu ihrem

Vater und erzählte es ihm.

Als Laban hörte, dass der Sohn seiner Schwester gekommen war, lief er Jakob entgegen. Er umarmte und küsste ihn und nahm ihn mit sich in sein Haus. Jakob erzählte ihm, was ihn hergeführt hatte. Als Laban alles gehört hatte, sagte er zu ihm: »Ja, du bist wahrhaftig mein eigen Fleisch und Blut!«

Jakob war nun schon einen Monat lang im Haus seines Onkels. Eines Tages sagte Laban zu ihm: »Du sollst nicht umsonst für mich arbeiten, nur weil du mein Verwandter bist. Was willst du als Lohn haben?«

Nun hatte Laban zwei Töchter, die ältere hieß Lea, die jüngere Rahel. Lea hatte glanzlose Augen, Rahel aber war ausnehmend schön. Jakob liebte Rahel und so sagte er: »Gib mir Rahel, deine jüngere Tochter, zur Frau! Ich will dafür sieben Jahre bei dir arbeiten.«

Laban sagte: »Ich gebe sie lieber dir als einem Fremden. Bleib also die Zeit bei mir!«

Jakob arbeitete bei Laban sieben Jahre für Rahel, und weil er sie so sehr liebte, kamen ihm die Jahre wie Tage vor. Danach sagte er zu Laban: »Die Zeit ist um. Gib mir jetzt die Frau, um die ich gearbeitet habe! Ich will mit ihr Hochzeit halten.«

Laban lud alle Leute im Ort zur Hochzeitsfeier ein. Aber am Abend führte er nicht Rahel, sondern Lea ins Brautgemach und Jakob schlief mit ihr. Als Dienerin gab Laban ihr seine Sklavin Silpa.

Am Morgen sah Jakob, dass es gar nicht Rahel, sondern Lea war. Da stellte er Laban zur Rede: »Warum hast du mir das **29** angetan? Ich habe doch um Rahel gearbeitet! Warum hast du mich betrogen?«

»Es ist bei uns nicht Sitte«, erwiderte Laban, »die Jüngere vor der Älteren wegzugeben. Verbringe jetzt mit Lea die Hochzeitswoche, dann geben wir dir Rahel noch dazu. Du wirst dann um sie noch einmal sieben Jahre arbeiten.«

Jakob ging darauf ein. Nachdem die Woche vorüber war, gab Laban ihm auch Rahel zur Frau. Als Dienerin gab er Rahel seine Sklavin Bilha. Jakob schlief auch mit Rahel, und er hatte sie lieber als Lea. Er blieb noch einmal sieben Jahre lang bei Laban und arbeitete für ihn.

Nachdem Rahel Josef geboren hatte, sagte Jakob zu Laban: »Lass mich nun frei! Ich möchte in meine Heimat zurückkehren. Gib mir meine Frauen und Kinder, die ich mit meiner Arbeit verdient habe, und lass mich ziehen! Du weißt, wie ich mich mit aller Kraft für dich eingesetzt habe.«

Aber Laban erwiderte: »Erweise mir die Gunst, noch zu bleiben! Ich habe genau gemerkt, dass der HERR mich deinetwegen gesegnet und mir Wohlstand geschenkt hat. Was willst du künftig als Lohn? Ich gebe dir, was du verlangst.«

Jakob sagte: »Du weißt ja, was ich für dich getan habe und wie dein Vieh sich vermehrt hat. Bevor ich kam, hattest du nur ein paar Tiere, und nun sind daraus so riesige Herden geworden. Für jeden meiner Schritte hat der HERR dich gesegnet. Jetzt muss ich endlich einmal an mich selbst

denken und für meine Familie sorgen!«

»Sag doch, was verlangst du als Lohn?«, fragte Laban.

»Gar nichts«, sagte Jakob; »du musst nur eine einzige Bedingung erfüllen, dann werde ich auch weiterhin für deine Herden sorgen: Ich werde heute aus deiner Herde alle schwarzen, schwarz gefleckten und schwarz gesprenkelten Schafe und alle weiß gescheckten und weiß gesprenkelten Ziegen entfernen. Wenn danach trotzdem noch ein gesprenkeltes oder geflecktes Ziegenlamm oder ein schwarzes Schaflamm geworfen wird, soll es mir als Lohn gehören. Du wirst künftig auf *einen* Blick sehen können, ob ich ehrlich gegen dich bin oder ob ich dich bestohlen habe: Die Farbe meiner Tiere wird für mich zeugen.«

»Einverstanden!«, antwortete Laban. »Wir machen es, wie du vorgeschlagen hast.«

Er suchte noch am gleichen Tag aus seiner Herde alle Ziegen und Ziegenböcke heraus, an denen etwas Weißes war, und alle Schafe, an denen etwas Schwarzes war. Er gab sie seinen Söhnen, und die mussten damit drei Tagereisen weit wegziehen. Die restliche Herde blieb unter der Aufsicht Jakobs.

Nun schnitt sich Jakob Zweige von Pappeln, Mandelbäumen und Platanen und schälte Streifen von der Rinde ab. Diese weiß gestreiften Stecken legte er in die Tränkrinnen, wenn die Tiere zum Trinken kamen; denn er wusste, dass sie sich dort paarten. Und weil die Tiere beim Anblick der Stäbe begattet wurden, warfen sie lauter gestreifte, gesprenkelte und gescheckte Junge. Außerdem ließ Jakob die

Tiere bei der Paarung in Richtung auf die gestreiften und dunkelfarbigen Tiere der Herde Labans blicken. Die jungen Tiere nahm Jakob beiseite und bildete eine eigene Herde daraus. Er legte die Stecken aber nur dann in die Tränkrinnen, wenn die kräftigen Tiere sich begatteten; bei den schwächlichen Tieren tat er es nicht. So bekam Jakob die kräftigen Jungtiere und Laban die schwachen. Auf diese Weise wurde Jakob sehr reich und besaß schließlich viele Herden, dazu Esel, Kamele, Sklaven und Sklavinnen.

Jakob kam zu Ohren, wie die Söhne Labans über ihn redeten. »Sein ganzer Reichtum gehört eigentlich unserem Vater«, sagten sie. »Alles, was er hat, hat er uns weggenommen.«

Auch Laban war ihm nicht mehr so wohlgesinnt wie früher. Wenn Jakob ihn sah, konnte er es deutlich an seinem Gesicht ablesen. Da sagte der HERR zu Jakob: »Kehre in das Land deiner Vorfahren und zu deinen Verwandten zurück! Ich werde dir beistehen.«

Jakob ließ Rahel und Lea zu sich auf die Weide rufen. Er sagte zu ihnen: »Ich merke genau, dass euer Vater mir nicht mehr so freundlich begegnet wie früher. Aber ich bin nur deshalb so reich geworden, weil der Gott meines Vaters mir zur Seite stand. Ihr wisst selbst, wie ich mit meiner ganzen Kraft für euren Vater gearbeitet habe. Er hat mich betrogen und meinen Lohn zehnmal verändert; aber Gott hat nicht zugelassen, dass er mir schaden konnte. Wenn euer Vater sagte: ›Du bekommst die Gesprenkelten als Lohn‹, wurden lauter gesprenkelte Tiere geboren; und wenn er sagte:

›Nein, die Gestreiften‹, gab es lauter gestreifte. Gott selbst hat die Herden eurem Vater genommen und mir gegeben. Während der Brunstzeit der Tiere sah ich im Traum, dass alle Böcke, die die Schafe und Ziegen besprangen, gestreift, gesprenkelt und gescheckt waren. Der Engel Gottes rief mich im Traum beim Namen, und als ich antwortete, sagte er: ›Sieh genau hin: Alle Böcke sind gestreift, gesprenkelt und gescheckt; denn ich habe gesehen, was Laban dir antut. Ich bin der Gott, der dir in Bet-El begegnet ist; dort hast du mir einen Stein geweiht und ein Gelübde getan. Zieh jetzt aus diesem Land fort und geh in deine Heimat zurück.‹«

Rahel und Lea antworteten Jakob: »Was haben wir noch von unserem Vater zu erwarten? Er hat uns wie Fremde behandelt, verkauft hat er uns und das Geld hat er für sich verbraucht. Uns und unseren Kindern steht zu, was Gott unserem Vater weggenommen hat. Tu, was Gott dir gesagt hat!«

Da setzte Jakob seine Frauen und Kinder auf die Kamele, nahm sein ganzes Vieh und alles, was er in Mesopotamien erworben hatte, und machte sich auf den Weg ins Land Kanaan zu seinem Vater Isaak.

Laban war gerade zur Schafschur gegangen. Rahel benutzte die Gelegenheit und entwendete ihm seinen Hausgott.

Jakob hielt seinen Aufbruch vor dem Aramäer Laban geheim. Fluchtartig machte er sich auf und davon, überquerte den Eufrat und zog in Richtung auf das Bergland Gilead.

Zwei Tage später erfuhr Laban, dass Jakob geflohen war. Mit allen Männern aus seiner Familie jagte er hinter ihm her, und nach sieben Tagen holte er ihn im Bergland Gilead ein. Gott aber erschien dem Aramäer Laban in der Nacht im Traum und sagte zu ihm: »Hüte dich, mit Jakob anders als freundlich zu reden!«

Als Laban Jakob einholte, hatte Jakob gerade seine Zelte im Bergland aufgeschlagen. Auch Laban und seine Verwandten schlugen dort ihre Zelte auf. Laban sagte zu Jakob: »Warum hast du mich hintergangen und meine Töchter wie Kriegsgefangene weggeschleppt? Warum hast du dich heimlich davongemacht und mir nichts gesagt? Ich hätte dir gerne mit Gesang und Zithern und Handpauken das Geleit gegeben. Warum hast du mir nicht erlaubt, meine Töchter und Enkel zum Abschied zu küssen? Das war nicht klug von dir! Ich hätte ja die Macht, mich an euch zu rächen; aber der Gott eures Vaters hat mich heute Nacht gewarnt: ›Hüte dich, mit Jakob anders als freundlich zu reden!‹ Nun gut, du hast mich verlassen, weil es dich nach Hause zog; aber warum hast du mir auch noch meinen Hausgott gestohlen?«

Jakob erwiderte: »Ich hatte Angst, du würdest nicht zulassen, dass deine Töchter mitkommen. Aber deinen Hausgott? Wenn du ihn hier bei irgendjemand findest – die Person muss sterben! Durchsuche alles in Gegenwart der Männer, die du mitgebracht hast, unserer Verwandten, und nimm dir, was dir gehört.«

Jakob wusste nämlich nicht, dass Rahel den Hausgott mitgenommen hatte.

Laban durchsuchte das Zelt Jakobs, das Zelt Leas und das Zelt der beiden Nebenfrauen – vergeblich. Dann ging er zu Rahel. Sie hatte den Hausgott in den korbförmigen Sattel ihres Kamels gelegt und sich darauf gesetzt. Ihr Vater durchsuchte das ganze Zelt; sie aber sagte zu ihm: »Sei nicht böse, wenn ich nicht vor dir aufstehe! Ich habe gerade meine Tage.«

Laban durchsuchte alles, konnte aber nichts finden. Da wurde Jakob zornig und begann mit Laban abzurechnen. »Was für ein Verbrechen habe ich begangen«, sagte er, »dass du mir so wild nachgejagt bist? Meinen ganzen Hausrat hast du durchwühlt; hast du etwas gefunden, was dir gehört? Lege es hier vor meinen und deinen Leuten auf die Erde, damit sie entscheiden, wer von uns beiden im Recht ist! Zwanzig Jahre lang bin ich nun bei dir gewesen, und während der ganzen Zeit haben deine Schafe und Ziegen keine Fehlgeburt gehabt. Nicht einen einzigen Bock von deiner Herde habe ich für mich geschlachtet. Wenn ein Schaf von Raubtieren gerissen wurde, durfte ich es nicht zu dir bringen, um meine Unschuld zu beweisen; ich musste es selbst ersetzen, ganz gleich, ob es bei Tag oder bei Nacht geraubt worden war. Tagsüber litt ich unter der Hitze und nachts unter der Kälte, und oft fand ich keinen Schlaf. Zwanzig Jahre habe ich das nun auf mich genommen; vierzehn habe ich um deine Töchter gearbeitet und sechs um die Herde, und du hast meinen Lohn zehnmal verändert. Wenn der Gott meines Großvaters Abraham und der Gott, vor dem mein Vater Isaak zitterte, mir nicht geholfen hätte, **35** dann hättest du mir alles genommen und mich mit leeren Händen ziehen lassen. Aber Gott hat gesehen, wie ich mich für dich abgearbeitet habe und wie schlecht du mich behandelt hast; deshalb hat er sich in der vergangenen Nacht auf meine Seite gestellt.«

Laban sagte zu Jakob: »Meine Töchter gehören mir, ihre Söhne gehören mir und diese Herde gehört mir; alles, was du hier siehst, ist mein Eigentum. Aber was kann ich jetzt noch für meine Töchter tun und für die Söhne, die sie geboren haben? Wir wollen einen Vertrag miteinander schließen und ein Zeichen errichten, das uns beide daran erinnert.«

Dann nahm Jakob einen großen Stein und stellte ihn als Erinnerungszeichen auf. Er forderte seine Verwandten auf, Steine zu sammeln und sie zu einem Hügel zusammenzutragen. Auf diesem Steinhügel hielten sie ein gemeinsames Mahl. Laban nannte ihn Jegar-Sahaduta und Jakob Gal-Ed. Laban sagte: »Dieser Hügel ist Zeuge für unsere Abmachung.« Daher bekam er den Namen Gal-Ed (Zeugenhügel). Er wird aber auch Mizpa (Wachtturm) genannt, weil Laban fortfuhr: »Möge der HERR ein wachsames Auge auf jeden von uns haben, nachdem wir auseinander gegangen sind! Nimm dich davor in Acht, meine Töchter schlecht zu behandeln oder noch weitere Frauen zu nehmen. Kein Mensch ist hier als Zeuge für unsere Abmachung, Gott ist unser Zeuge!«

Weiter sagte Laban zu Jakob: »Dieser Steinhügel und dieses Steinmal, das ich zwischen uns errichtet habe, sie sollen uns warnen, dass keiner von uns die Grenze zum andern in böser Absicht überschreitet. Der Gott Abrahams und der Gott Nahors sollen den bestrafen, der sich nicht daran hält!«

Jakob schwor bei dem Gott seines Vaters Isaak, sich an diese Abmachung zu halten. Dann schlachtete er dort im Bergland ein Opfertier und lud seine Verwandten zum Opfermahl ein. Sie aßen mit ihm und blieben dort über Nacht. Am anderen Morgen küsste Laban seine Töchter und Enkel zum Abschied und segnete sie. Dann kehrte er in seine Heimat zurück.

Mordanschlag und Menschenhandel
Josef und seine Brüder

Die Familienstreitigkeiten setzen sich auch in der Generation von Jakobs Kindern fort. Dort trifft es vor allem den jungen Josef. Als ältester Sohn von Jakobs besonders geliebter Frau Rahel wird Josef von seinem Vater gegenüber seinen elf Brüdern bevorzugt. Die Brüder gehen in ihrer Eifersucht so weit, einen Mordanschlag zu planen. Nur durch den Einspruch des ältesten Bruders wird die Tat zunächst verhindert und durch Freiheitsberaubung mit Tötungsabsicht ersetzt. Doch auch dabei bleibt es nicht lange. Vielmehr mündet das Eifersuchtsdrama schließlich ins Verbrechen des Menschenhandels. Und auch zur Vertuschung der Tat fällt den Brüdern etwas ein. Durch eine

List machen sie den Vater glauben, Josef sei von einem wilden Tier zerrissen worden.

Auch im Fall Josef zieht Gott die Täter nicht selbst zur Rechenschaft. Die Ahndung des Verbrechens bleibt hier vielmehr in der Hand des Opfers und dieses denkt sich dafür etwas ganz Besonderes aus. Dennoch spielt auch Gott in diesem Kriminalfall eine Rolle. Er ist es nämlich, der Josef durch seinen Aufstieg zum Minister des Pharaos überhaupt in die Lage versetzt, mit seinen Brüdern abzurechnen. Am Ende fingiert Josef sogar selbst eine Straftat – den Diebstahl seines silbernen Bechers –, um die Brüder unter Druck zu setzen und zu prüfen, ob sie inzwischen weniger skrupellos sind als früher. Die anfängliche Kriminalgeschichte um den Mordanschlag auf Josef wird hier also in einer zweiten Krimiepisode gespiegelt. Dabei agiert Josef wie ein durchtriebener Kommissar, der die Täter, nachdem sie längst durchschaut sind, nicht einfach dingfest macht, sondern ihnen eine Falle stellt und sie darin zappeln lässt, bis sie Reue zeigen.

Wie die Geschichte ausgeht, wird hier nicht verraten. Nur so viel sei gesagt: Sie folgt dem Motto, das Josef am Ende selbst formuliert: »Ihr hattet Böses mit mir vor, aber Gott hat es zum Guten gewendet.« (1. Mose / Genesis 37,2-36; 42,1–45,15)

D ies ist die Familiengeschichte Jakobs:

Jakobs Sohn Josef war noch ein junger Bursche von siebzehn Jahren. Er half seinen Brüdern, den Söhnen von

Bilha und Silpa, beim Hüten der Schafe und Ziegen. Er hinterbrachte seinem Vater immer, was die Leute sich von dem Treiben seiner Brüder erzählten.

Jakob hatte Josef von allen seinen Söhnen am liebsten, weil er ihm erst im Alter geboren worden war. Deshalb ließ er ihm ein prächtiges Gewand machen. Als seine Brüder sahen, dass der Vater ihn mehr liebte als sie alle, begannen sie ihn zu hassen und konnten kein freundliches Wort mehr mit ihm reden.

Einmal hatte Josef einen Traum. Als er ihn seinen Brüdern erzählte, wurde ihr Hass noch größer. »Ich will euch sagen, was ich geträumt habe«, fing Josef an. »Wir waren miteinander auf dem Feld, schnitten Getreide und banden es in Garben. Auf einmal stellt sich meine Garbe auf und bleibt stehen. Und eure Garben, die stellen sich im Kreis um sie herum und verneigen sich vor meiner.«

Seine Brüder sagten zu ihm: »Du willst wohl noch König werden und über uns herrschen?«

Wegen seiner Träume und weil er sie so offen erzählte, hassten ihn seine Brüder noch mehr. Er hatte nämlich noch einen anderen Traum, und auch den erzählte er ihnen. »Ich habe noch einmal geträumt«, sagte er. »Ich sah die Sonne, den Mond und elf Sterne. Stellt euch vor: Die alle verneigten sich vor mir.« Als er das seinem Vater und seinen Brüdern erzählte, fuhr sein Vater ihn an und sagte: »Was ist das für ein dummer Traum, den du da geträumt hast? Ich und deine Mutter und deine Brüder, wir alle sollen uns vor dir niederwerfen?«

39

Die Brüder waren eifersüchtig auf Josef; aber sein Vater behielt die Sache im Gedächtnis.

Einmal waren Josefs Brüder unterwegs; sie weideten die Schafe und Ziegen ihres Vaters in der Nähe von Sichem. Da sagte Jakob zu Josef: »Du weißt, deine Brüder sind mit den Herden bei Sichem. Ich will dich zu ihnen schicken.«

»Ich bin bereit«, antwortete Josef.

Sein Vater gab ihm den Auftrag: »Geh hin und sieh, ob es deinen Brüdern gut geht und ob auch bei den Herden alles in Ordnung ist. Dann komm wieder und bring mir Nachricht!«

So schickte Jakob ihn aus dem Tal von Hebron nach Sichem. Dort traf ihn ein Mann, wie er auf dem Feld umherirrte, und fragte ihn: »Was suchst du?«

»Ich suche meine Brüder«, sagte Josef, »kannst du mir sagen, wo sie ihre Herden weiden?«

Der Mann antwortete: »Sie sind nicht mehr hier. Ich hörte, wie sie sagten: ›Wir wollen nach Dotan gehen!‹«

Da ging Josef ihnen nach und fand sie in Dotan. Die Brüder sahen Josef schon von weitem. Noch bevor er herangekommen war, stand ihr Entschluss fest, ihn umzubringen. Sie sagten zueinander: »Da kommt der Kerl, dem seine Träume zu Kopf gestiegen sind! Schlagen wir ihn doch tot und werfen ihn in die nächste Zisterne! Wir sagen einfach: Ein Raubtier hat ihn gefressen. Dann wird man schon sehen, was aus seinen Träumen wird!«

Als Ruben das hörte, wollte er Josef retten. »Lasst ihn am Leben!«, sagte er. »Vergießt kein Blut! Werft ihn in die

40

Zisterne da drüben in der Steppe, aber vergreift euch nicht an ihm!«

Er hatte die Absicht, Josef heimlich herauszuziehen und zu seinem Vater zurückzubringen.

Als Josef bei ihnen ankam, zogen sie ihm sein Obergewand aus, das Prachtgewand, das er anhatte. Dann packten sie ihn und warfen ihn in die Zisterne. Die Zisterne war leer; es war kein Wasser darin. Dann setzten sie sich zum Essen.

Auf einmal sahen sie eine Karawane von ismaëlitischen Kaufleuten aus der Richtung von Gilead herankommen. Die Ismaëliter waren auf dem Weg nach Ägypten; ihre Kamele waren mit den kostbaren Harzen Tragakant, Mastix und Ladanum beladen.

Da sagte Juda zu seinen Brüdern: »Was nützt es uns, wenn wir unseren Bruder umbringen? Wir werden nur schwere Blutschuld auf uns laden. Lassen wir ihn leben und verkaufen ihn den Ismaëlitern; er ist doch unser Bruder, unser eigen Fleisch und Blut!«

Die anderen waren einverstanden. Als die reisenden Kaufleute herankamen, zogen sie Josef aus der Zisterne. Sie verkauften ihn für 20 Silberstücke an die Ismaëliter, die ihn nach Ägypten mitnahmen.

Als nun Ruben wieder zur Zisterne kam, war Josef verschwunden. Entsetzt zerriss er seine Kleider, ging zu seinen Brüdern und rief: »Der Junge ist nicht mehr da! Was mache ich nur? Wo bleibe ich jetzt?«

Die Brüder schlachteten einen Ziegenbock und tauchten Josefs Prachtgewand in das Blut. Sie brachten das blutbe-

fleckte Gewand zu ihrem Vater und sagten: »Das haben wir gefunden! Ist es vielleicht das Gewand deines Sohnes?«
Jakob erkannte es sogleich und schrie auf: »Mein Sohn! Es ist von meinem Sohn! Ein Raubtier hat ihn gefressen! Zerfleischt ist Josef, zerfleischt!«
Er zerriss seine Kleider, band den Sack um seine Hüften und betrauerte Josef lange Zeit. Alle seine Söhne und Töchter kamen zu ihm, um ihn zu trösten, aber er wollte sich nicht trösten lassen. »Nein«, beharrte er, »voll Kummer und Gram gehe ich zu meinem Sohn in die Totenwelt hinunter!« So sehr hatte ihn der Verlust getroffen.
Die Kaufleute aber brachten Josef nach Ägypten und verkauften ihn dort an Potifar, einen Hofbeamten des Pharaos, den Befehlshaber der königlichen Leibwache.

Als Jakob erfuhr, dass es in Ägypten Getreide zu kaufen gab, sagte er zu seinen Söhnen: »Was steht ihr da und schaut einander an? Ich habe gehört, dass es in Ägypten Getreide gibt. Reist hin und kauft uns welches, sonst werden wir noch verhungern!«
Da reisten die zehn Brüder Josefs nach Ägypten, nur Benjamin, den zweiten Sohn Rahels, behielt sein Vater zu Hause. Denn er dachte: »Es könnte ihm unterwegs etwas zustoßen!«
Weil im Land Kanaan Hungersnot herrschte, zogen viele den gleichen Weg. Mit ihnen kamen die Söhne Jakobs nach Ägypten. Josef war der Machthaber im Land; wer Getreide kaufen wollte, musste zu ihm gehen.

Als nun seine Brüder hereinkamen und sich vor ihm zu Boden warfen, erkannte er sie sofort. Er ließ sich aber nichts anmerken und behandelte sie wie Fremde.

»Woher kommt ihr?«, fragte er sie streng.

»Wir kommen aus dem Land Kanaan«, antworteten sie, »wir möchten Getreide kaufen.«

Die Brüder erkannten Josef nicht, aber er wusste genau Bescheid. Er musste daran denken, was er einst in seiner Jugend von ihnen geträumt hatte, und er fuhr sie an: »Spione seid ihr! Ihr wollt erkunden, wo das Land ungeschützt ist.«

»Nein, nein, Herr!«, riefen sie. »Wir sind nur hierher gekommen, um Getreide zu kaufen. Wir alle sind Söhne *eines* Vaters, ehrliche Leute! Wir sind keine Spione!«

Aber Josef blieb hart: »Das ist nicht wahr«, sagte er, »ihr wollt erkunden, wo das Land ungeschützt ist.«

Sie verteidigten sich: »Wir sind zwölf Brüder, deine ergebenen Diener, Söhne *eines* Mannes im Land Kanaan. Der Jüngste blieb bei unserem Vater, und einer ist tot.«

Doch Josef sagte: »Ich bleibe dabei: Ihr seid Spione! Ich werde eure Behauptung prüfen: Euer jüngster Bruder muss her; sonst kommt ihr nie mehr nach Hause. Das schwöre ich beim Pharao! Einer von euch soll euren Bruder holen; ihr anderen bleibt solange gefangen. Dann wird man sehen, ob ihr die Wahrheit gesagt habt. Aber beim Pharao: Ihr seid ja doch Spione!«

Josef ließ sie für drei Tage ins Gefängnis bringen. Am dritten Tag sagte er zu ihnen: »Tut, was ich euch sage, dann **43** bleibt ihr am Leben. Auch ich ehre Gott. Wenn ihr wirklich ehrliche Leute seid, dann lasst mir einen von euch als Geisel im Gefängnis zurück. Ihr anderen zieht nach Hause und bringt euren hungernden Familien Getreide. Aber schafft mir euren jüngsten Bruder her! Dann will ich euch glauben und ihr müsst nicht sterben.«

Die Brüder waren einverstanden. Sie sagten zueinander: »Das ist die Strafe für das, was wir unserem Bruder angetan haben. Seine Todesangst ließ uns ungerührt. Er flehte uns um Erbarmen an, aber wir hörten nicht darauf. Dafür müssen wir nun selbst solche Angst ausstehen.«

Ruben erinnerte die anderen: »Ihr wolltet ja nicht hören, als ich zu euch sagte: ›Vergreift euch nicht an dem Jungen!‹ Jetzt werden wir für seinen Tod zur Rechenschaft gezogen!«

Weil Josef sich mit ihnen durch einen Dolmetscher verständigte, ahnten sie nicht, dass er alles verstand. Die Tränen kamen ihm und er musste sich abwenden. Als er wieder sprechen konnte, ließ er Simeon festnehmen und vor ihren Augen fesseln. Dann befahl er seinen Leuten, die Säcke der Brüder mit Getreide zu füllen und jedem das Geld, mit dem er bezahlt hatte, wieder oben in den Sack zu legen. Er ließ ihnen auch noch Verpflegung für die Reise mitgeben.

Als das geschehen war, luden die Brüder ihre Säcke auf die Esel und machten sich auf den Heimweg.

Am Abend öffnete einer von ihnen in der Herberge seinen Sack, um seinen Esel zu füttern. Da sah er obenauf sein

44 Geld liegen.

»Mein Geld ist zurückgekommen!«, berichtete er seinen Brüdern. »Hier ist es, in meinem Sack!«

Sie erschraken. Ganz niedergeschlagen sahen sie einander an und sagten: »Warum hat Gott uns das angetan?«

Als sie zu ihrem Vater Jakob nach Kanaan kamen, berichteten sie ihm alles, was sie erlebt hatten. »Der Mann, der in Ägypten die Macht hat, empfing uns sehr ungnädig«, erzählten sie. »Wir seien Spione, sagte er. Wir wehrten uns und sagten: ›Wir sind ehrliche Leute und keine Spione, zwölf Brüder sind wir; einer von uns ist tot, und der Jüngste ist bei unserem Vater im Land Kanaan geblieben.‹ Da sagte er: ›Ich werde sehen, ob ihr ehrliche Leute seid. Einer von euch bleibt hier bei mir; ihr anderen nehmt Getreide, damit eure Familien nicht hungern müssen, und zieht nach Hause. Aber schafft mir euren jüngsten Bruder her! Daran werde ich erkennen, dass ihr keine Spione seid, sondern ehrliche Leute. Dann gebe ich auch euren anderen Bruder wieder frei und ihr dürft euch ungehindert im Land bewegen.‹«

Als sie die Säcke leeren wollten, fand jeder seinen Geldbeutel oben im Sack. Jakob stand dabei, und alle erschraken. Ihr Vater Jakob sagte: »Ihr raubt mir meine Kinder! Josef ist weg, Simeon ist weg, und jetzt wollt ihr mir auch noch Benjamin nehmen. Nichts bleibt mir erspart!«

Da sagte Ruben zu seinem Vater: »Wenn ich Benjamin nicht gesund zurückbringe, darfst du dafür meine beiden Söhne töten. Vertraue ihn mir an! Ich bringe ihn dir bestimmt wieder zurück.«

Aber Jakob sagte: »Mein Sohn Benjamin wird nicht mit euch gehen! Sein Bruder Josef ist tot, er ist der Letzte von den Söhnen Rahels. Ich bin ein alter Mann; wenn ihm unterwegs etwas zustößt – der Kummer würde mich ins Grab bringen!«

Die Hungersnot lag weiter schwer auf dem Land. Als das Getreide, das die Brüder aus Ägypten mitgebracht hatten, aufgezehrt war, sagte ihr Vater zu ihnen: »Geht wieder nach Ägypten und kauft uns zu essen!«

Aber Juda gab zu bedenken: »Der Ägypter hat ausdrücklich erklärt: ›Kommt mir nicht unter die Augen ohne euren Bruder!‹ Deshalb gehen wir nur, wenn du uns Benjamin mitgibst, sonst bleiben wir hier. Ohne ihn dürfen wir uns nicht vor dem Mann blicken lassen.«

»Warum habt ihr ihm auch verraten, dass ihr noch einen Bruder habt?«, klagte Jakob.

Sie verteidigten sich: »Er hat sich so genau nach uns und nach unserer Familie erkundigt. ›Lebt euer Vater noch?‹, wollte er wissen. ›Habt ihr noch einen Bruder?‹ Da haben wir ihm wahrheitsgemäß Auskunft gegeben. Wir konnten doch nicht ahnen, dass er verlangen würde: ›Bringt euren Bruder her!‹«

Juda schlug seinem Vater vor: »Vertrau den Jungen *mir* an, damit wir gehen können und nicht alle vor Hunger umkommen, wir Brüder, du selbst und unsere Familien! Ich will Bürge für ihn sein, von mir sollst du ihn fordern. Mein Leben lang soll die Schuld auf mir lasten, wenn ich ihn dir nicht hierher zurückbringe. Wir wären schon zweimal wieder da, wenn wir nicht so lange gezögert hätten!«

Ihr Vater erwiderte: »Wenn es unbedingt sein muss, dann nehmt ihn mit. Aber bringt dem Ägypter als Geschenk etwas von den Schätzen unseres Landes: Honig, Pistaziennüsse, Mandeln und dazu die kostbaren Harze Mastix, Tragakant und Ladanum. Nehmt auch doppelt Geld mit, damit ihr das, was ihr in euren Säcken wiedergebracht habt, zurückgeben könnt; vielleicht war es ein Versehen. Und dann nehmt euren Bruder Benjamin und macht euch auf den Weg. Ich bete zu Gott, dem Gewaltigen, dass der Ägypter Erbarmen mit euch hat und Benjamin und euren anderen Bruder wieder mit euch heimkehren lässt. Muss ich denn alle meine Kinder verlieren?«

Die Brüder nahmen das doppelte Geld und die Geschenke und reisten mit Benjamin zu Josef nach Ägypten. Als Josef sah, dass sie Benjamin mitgebracht hatten, sagte er zu seinem Hausverwalter: »Führe diese Männer in meinen Palast! Schlachte ein Rind und bereite es zu! Sie werden heute Mittag mit mir essen.«

Als der Verwalter die Brüder in den Palast führen wollte, bekamen sie Angst und sagten zueinander: »Das ist wegen des Geldes, das wieder in unsere Säcke geraten ist! Die Ägypter werden über uns herfallen, uns unsere Esel wegnehmen und uns zu Sklaven machen.«

Noch vor dem Tor sprachen sie den Hausverwalter an: »Auf ein Wort, Herr! Wir waren früher schon einmal hier, um Getreide zu kaufen. Als wir auf der Heimreise in der Herberge unsere Säcke aufmachten, fanden wir obenauf das ganze Geld liegen, das wir bezahlt hatten. Wir haben alles wieder mitgebracht und dazu neues Geld für das Getreide, das wir jetzt kaufen wollen. Wir wissen nicht, wer unser Geld in die Säcke gelegt hat.«

»Es ist alles gut«, erwiderte der Verwalter, »macht euch deshalb keine Sorgen! Euer Gott, der Gott eures Vaters, hat euch einen Schatz in eure Säcke gelegt. Ich habe euer Geld erhalten.«

Dann brachte er Simeon zu ihnen heraus.

Nachdem sie in den Palast eingetreten waren, ließ der Verwalter ihnen Wasser bringen, damit sie ihre Füße waschen konnten, und ihren Eseln ließ er Futter geben. Während die Brüder auf Josef warteten, legten sie ihre Geschenke zurecht. Sie hatten nämlich erfahren, dass sie zu Mittag dort essen sollten.

Als nun Josef nach Hause kam, brachten sie ihm die Geschenke und warfen sich vor ihm nieder. Josef erkundigte sich nach ihrem Ergehen und fragte dann: »Wie geht es eurem alten Vater, von dem ihr mir erzählt habt? Lebt er noch?«

Sie antworteten: »Unserem Vater, deinem ergebenen Diener, geht es gut; er ist noch am Leben.«

Noch einmal erwiesen sie ihm Ehre und warfen sich vor ihm nieder. Da erblickte Josef seinen Bruder Benjamin, den Sohn seiner eigenen Mutter. »Das ist also euer jüngster Bruder, von dem ihr mir erzählt habt!«, sagte er, und zu Benjamin: »Gott segne dich, mein Sohn!«

Dann lief er schnell hinaus. Er war den Tränen nahe, so sehr bewegte ihn das Wiedersehen mit seinem Bruder. Er eilte in sein Privatzimmer, um sich dort auszuweinen. Dann wusch er sich das Gesicht und kam zurück. Er nahm sich zusammen und befahl seinen Dienern: »Tragt das Essen auf!«

Josef aß allein an einem Tisch, die Brüder an einem anderen, und an einem dritten die Ägypter, die zum Haushalt Josefs gehörten. Ägypter essen nämlich nicht an einem Tisch mit Hebräern, weil sie meinen, dadurch unrein zu werden. Die Brüder saßen Josef gegenüber. Die Plätze hatte man ihnen genau nach ihrem Alter angewiesen. Als sie es bemerkten, sahen sie einander verwundert an. Josef ließ ihnen von den Gerichten servieren, die auf seinem eigenen Tisch aufgetragen wurden. Benjamin erhielt fünfmal so viel wie die anderen Brüder. Sie tranken mit Josef Wein, bis sie in ausgelassener Stimmung waren.

Später befahl Josef seinem Hausverwalter: »Fülle ihre Säcke mit Getreide. Gib ihnen so viel, wie sie gerade noch tragen können. Das Geld kommt wieder obenauf. Und in den Sack des Jüngsten legst du dazu meinen Becher, du weißt, den silbernen!«

Der Verwalter tat genau, was Josef befohlen hatte.

Früh am Morgen durften die Brüder mit ihren Eseln heimreisen. Sie waren noch nicht weit von der Stadt entfernt, da befahl Josef seinem Hausverwalter: »Los, jag ihnen nach, und wenn du sie erreicht hast, sag zu ihnen: ›Warum habt ihr Gutes mit Bösem vergolten? Ihr habt den Becher mitgenommen, aus dem mein Herr trinkt und aus dem er die Zukunft voraussagt! Da habt ihr ein schweres Unrecht begangen!«

Als der Verwalter sie eingeholt hatte, stellte er sie mit diesen Worten zur Rede.

»Wie kannst du uns das zutrauen?«, antworteten sie. »So etwas würde uns nie einfallen! Das Geld, das wir in unseren Säcken fanden, haben wir aus dem Land Kanaan wieder mitgebracht – wie kämen wir darauf, aus dem Haus deines Herrn Silber oder Gold zu stehlen? Wenn sich der Becher bei einem von uns findet, soll der Betreffende sterben, und wir anderen wollen deine Sklaven sein.«

»Gut«, sagte der Verwalter, »wir wollen sehen. Der, bei dem der Becher gefunden wird, soll mein Sklave sein; die andern können unbehelligt weiterreisen.«

So schnell sie konnten, luden sie ihre Säcke ab und öffneten sie. Der Verwalter ging der Reihe nach vom Ältesten bis zum Jüngsten, und der Becher fand sich im Sack Benjamins.

Die Brüder zerrissen entsetzt ihre Kleider, beluden ihre Esel und kehrten allesamt in die Stadt zurück. So kamen sie zu Josef, der in seinem Palast wartete, und warfen sich, Juda voran, vor ihm zu Boden.

»Was habt ihr euch eigentlich gedacht?«, herrschte Josef sie an. »Ihr musstet doch wissen, dass ein Mann wie ich so etwas mit Leichtigkeit herausfindet!«

»Was sollen wir sagen, Herr?«, ergriff Juda das Wort. »Womit könnten wir uns rechtfertigen? Gott hat unsere Schuld ans

Licht gebracht. Wir alle sind jetzt deine Sklaven, genau wie
der, bei dem sich der Becher gefunden hat.«

Aber Josef sagte: »So ungerecht werde ich nicht handeln!
Der, bei dem der Becher gefunden wurde, soll mein Sklave
sein; ihr anderen könnt in Frieden zu eurem Vater heimkehren.«

Da trat Juda vor und sagte: »Herr, du bist so mächtig wie
der Pharao! Erlaube mir, dass ich trotzdem das Wort an
dich richte, und zürne mir nicht! Das letzte Mal hast du uns
gefragt: ›Habt ihr noch einen Vater oder Bruder?‹ Und wir
haben ehrlich geantwortet: ›Wir haben zu Hause noch
einen alten Vater und einen Bruder, der ihm im Alter geboren wurde. Der Junge ist der Letzte von den beiden Söhnen
seiner Mutter; der ältere ist tot, darum hängt der Vater so
an seinem Jüngsten.‹ Da befahlst du uns, ihn herzubrin-
gen; aber wir gaben zu bedenken: ›Es wäre der Tod für
unseren Vater, wenn er den Jungen hergeben müsste. Er
muss bei seinem Vater bleiben.‹ Doch du bestandest darauf: ›Ohne ihn dürft ihr mir nicht wieder unter die Augen
kommen!‹ Als wir nach Hause kamen, berichteten wir das
alles unserem Vater. Und als er uns dann wieder zum
Getreidekauf hierher schicken wollte, wandten wir ein: ›So
können wir unmöglich reisen. Benjamin muss mit. Sonst
dürfen wir uns vor dem Ägypter nicht mehr sehen lassen.‹
Da sagte mein Vater, dein ergebener Diener: ›Ihr wisst
doch, dass meine Lieblingsfrau mir nur zwei Söhne geboren hat. Der eine ist fort, ein Raubtier muss ihn zerrissen
haben; bis heute habe ich ihn nicht wiedergesehen. Nun

51

wollt ihr mir auch noch den zweiten nehmen. Ich bin ein alter Mann. Wenn ihm unterwegs etwas zustößt – der Kummer würde mich ins Grab bringen!‹ So sprach mein Vater, dein ergebener Diener. Wenn wir nun zu ihm zurückkommen und er sieht, dass der Junge, an dem er so hängt, nicht bei uns ist, wird er auf der Stelle tot umfallen. Dann haben wir es auf dem Gewissen, wenn unser alter Vater stirbt und mit Kummer beladen zu den Toten hinunter muss. Außerdem habe ich mich dafür verbürgt, dass ich den Jungen wieder zurückbringe; ich habe die ganze Schuld auf mich genommen. Erlaube mir also, Herr, dass ich anstelle des Jungen hier bleibe und dein Sklave werde. Ihn aber lass mit den anderen heimkehren! Ich darf nicht ohne ihn zurückkommen. Ich könnte das Unglück nicht mit ansehen, das meinen Vater treffen würde.«

Da konnte Josef nicht länger an sich halten. Er schickte alle Ägypter aus dem Raum. Kein Fremder sollte dabei sein, wenn er sich seinen Brüdern zu erkennen gab. Als er mit ihnen allein war, brach er in Tränen aus. Er weinte so laut, dass die Ägypter es hörten, und bald wusste der ganze Hof des Pharaos davon.

»Ich bin Josef!«, sagte er zu seinen Brüdern. »Lebt mein Vater noch?«

Aber sie brachten kein Wort heraus, so fassungslos waren sie.

Er rief sie näher zu sich und wiederholte: »Ich bin Josef, euer Bruder, den ihr nach Ägypten verkauft habt! Erschreckt nicht und macht euch keine Vorwürfe deswegen.

Gott hat mich vor euch her nach Ägypten gesandt, um viele Menschen am Leben zu erhalten. Zwei Jahre herrscht nun schon Hungersnot, und es kommen noch fünf Jahre, in denen man die Felder nicht bestellen und keine Ernte einbringen kann. Deshalb hat Gott mich vorausgeschickt. Es ist sein Plan, euch und eure Nachkommen überleben zu lassen, damit er eine noch größere Rettungstat an euch vollbringen kann. Nicht ihr habt mich hierher gebracht, sondern Gott. Er hat es so gefügt, dass ich die rechte Hand des Pharaos geworden bin und sein ganzer Hof und ganz Ägypten mir unterstellt ist. Macht euch schnell auf den Weg und bringt meinem Vater die Botschaft: ›Dein Sohn Josef lässt dir sagen: Gott hat mich zum Herrn über ganz Ägypten gemacht. Komm hierher zu mir, besinn dich nicht lange! Du sollst in der Provinz Goschen wohnen, ganz in meiner Nähe. Bring deine Kinder und Enkel mit, deinen Besitz und all dein Vieh, Schafe, Ziegen und Rinder. Die Hungersnot dauert noch fünf Jahre. Ich werde für euch sorgen, damit ihr keine Not leidet.‹ Ihr seht doch mit eigenen Augen«, fuhr Josef fort, »dass ich es bin, der mit euch redet, auch du, mein Bruder Benjamin! Ihr müsst meinem Vater alles erzählen, was ihr hier gesehen habt. Sagt ihm, was für eine Stellung ich hier in Ägypten habe. Bringt ihn hierher, so schnell es geht!«

Dann umarmte Josef seinen Bruder Benjamin, und beide weinten dabei vor Freude. Danach küsste er unter Tränen auch die anderen. Erst jetzt fanden die Brüder die Sprache wieder und sie redeten mit Josef.

Was Könige auf dem Kerbholz haben

»Liebe und Intrige«, so könnte das Motto für eine Reihe biblischer Kriminalgeschichten lauten, die von den Verbrechen der Könige Israels erzählen. Wie schon im Fall der Erzeltern wird von der Bibel auch hier nichts beschönigt, so zweifelhaft das Licht auch sein mag, das dadurch auf die prominenten Täter fällt. Massaker, Hochverrat, Erpressung, Mord – viele der schlimmsten Vergehen sind gerade hier vertreten. Das beweist, dass die Könige Israels keineswegs bessere Menschen und schon gar keine Heiligen waren. Der eine ließ sich von seinen Leidenschaften hinreißen, dem anderen war im Kampf um die Macht und bei ihrer Ausübung jedes Mittel recht. Die Bibel berichtet von Gewaltandrohung und Gewaltausübung jenseits aller Legitimität und lässt keinen Zweifel daran, dass die Könige Israels trotz ihres Amtes und ihrer Leistungen bei Gott keine Immunität genossen.

Putschversuch mit Massenmord
Abimelech und die Männer von Sichem

Nachdem das Volk Israel aus Ägypten geflohen, durch die Wüste gezogen und in das Land Kanaan eingewandert war, lebten die zwölf Stämme in lockerer Verbindung zueinander unter den bisherigen Bewohnern, den Kanaanitern. Durch Handel und Hochzeiten verbanden sie sich mehr und mehr mit ihnen. Immer wieder hatten sich die Israeliten jedoch gegen Angriffe benachbarter Völker zu behaupten, die in das Land einfielen und ihnen ihren Besitz streitig machten. Im Kampf gegen diese Überfälle wurden die Israeliten von so genannten Richtern angeführt, die als von Gott beauftragte Retter die Feinde regelmäßig in die Flucht schlugen. Abgesehen von diesen vorübergehenden Heerführern hatte das Volk Israel kein gemeinsames Oberhaupt, auch keinen König.

Im Richterbuch wird nun erzählt, wie Abimelech, der Sohn des Richters Gideon, gegen diese Tradition in der Kanaaniterstadt Sichem ein israelitisches Stadtkönigtum zu errichten versucht. Dabei geht er alles andere als zimperlich vor und schreckt auch vor siebzigfachem Mord nicht zurück, um alle möglichen Konkurrenten aus dem Weg zu räumen. Im Folgenden zeigt sich jedoch nicht nur, welche Gefahren das Königtum für die Israeliten birgt, sondern auch, dass Gott eine solche verbrecherische und selbstherrliche Eroberung der Herrschaft in Israel nicht hinnimmt. Von langer Hand fädelt er die Strafe für Abimelech und die Bürger von Sichem ein. So dauert es zwar einige Jahre, bis deren Untaten auf sie selbst zurückfallen, doch in dieser Zeit wird die verheerende Wirkung des Königtums von Abimelech umso offensichtlicher. Die Warnung, die damit für die Israeliten verbunden war, wurde von ihnen allerdings nicht dauerhaft beherzigt. So hatten sie es bald nicht nur mit den Verbrechen von Möchtegern-Regenten, sondern auch mit denen von mächtigen Königen zu tun. (Richter 9,1-57)

Abimelech, der Sohn Gideons, ging eines Tages nach Sichem zu den kanaanitischen Verwandten seiner Mutter. Er rief die ganze Sippe zusammen und sagte zu den versammelten Männern: »Fragt doch einmal die Leute von Sichem, was ihnen lieber ist: wenn alle siebzig Söhne Gideons zusammen über sie herrschen oder wenn ein einziger Mann ihr König ist. Macht ihnen deutlich, dass ich von ihrem Fleisch und Blut bin!«

Die Brüder seiner Mutter machten sich zu Abimelechs Fürsprechern und trugen die Sache allen Bürgern Sichems vor. Diese ließen sich für Abimelech gewinnen, denn sie sagten sich: »Er gehört zu uns, er ist unser Bruder!« Sie gaben ihm 70 Silberstücke aus dem Tempelschatz ihres Gottes, der den Namen »Baal des Bundes« trug.

Mit diesem Geld warb Abimelech einen Trupp von Männern an, die nichts zu verlieren hatten und vor nichts zurückschreckten; die wurden sein Gefolge. Mit ihnen zog er nach Ofra zum Haus seines Vaters, überfiel seine Brüder und tötete alle siebzig auf einem einzigen Felsblock. Nur Gideons jüngster Sohn Jotam kam mit dem Leben davon, weil er sich versteckt hatte. Daraufhin versammelten sich die Bürger von Sichem und die Besatzung der Festung, zogen vor die Stadt zu der Eiche mit dem Denkstein und machten Abimelech zu ihrem König.

Als das Jotam erfuhr, stieg er auf den Gipfel des Berges Garizim und rief zu ihnen hinunter: »Hört mich an, ihr Leute von Sichem – wenn ihr wollt, dass Gott euch hört! Einst kamen die Bäume zusammen, um sich einen König zu wählen. Sie sagten zum Ölbaum: ›Sei du unser König!‹ Aber der Ölbaum erwiderte: ›Soll ich vielleicht aufhören, kostbares Öl zu spenden, mit dem Götter und Menschen geehrt werden? Soll ich über den Bäumen thronen?‹

Da sagten die Bäume zum Feigenbaum: ›Sei du unser König!‹

Doch der Feigenbaum erwiderte: ›Soll ich vielleicht aufhören, süße Feigen zu tragen? Soll ich über den Bäumen thronen?‹

Da sagten sie zum Weinstock: ›Sei du unser König!‹

Doch der erwiderte: ›Soll ich aufhören, Wein zu spenden, der Götter und Menschen erfreut? Soll ich über den Bäumen thronen?‹

Schließlich sagten sie zum Dornstrauch: ›Sei du unser König!‹

Und der Dornstrauch erwiderte: ›Wenn ihr mich wirklich zu eurem König machen wollt, dann bückt euch und sucht Schutz unter meinem Schatten! Sonst wird Feuer von meinen Dornen ausgehen, das sogar die Zedern des Libanons verbrennt!«

Nachdem Jotam diese Geschichte erzählt hatte, fuhr er fort: »Meint ihr wirklich, dass es recht von euch war, Abimelech zu eurem König zu machen? Habt ihr vergessen, was ihr Gideon und seiner Familie verdankt? Mein Vater hat sein Leben für euch aufs Spiel gesetzt, um euch aus der Hand der Midianiter zu retten. Ihr aber habt euch gegen seine Söhne erhoben und habt sie alle ermordet, siebzig auf einem Stein, und habt den Sohn seiner Sklavin zum König von Sichem gemacht, nur weil er euer Stammesbruder ist. Wenn das alles recht war und ihr heute an Gideon und seiner Familie redlich gehandelt habt, dann wünsche ich euch, dass ihr mit Abimelech glücklich werdet und er mit euch. Wenn es aber Unrecht war, dann soll von Abimelech Feuer ausgehen und euch alle, die Bürger von Sichem und die Besatzung der Festung, verzehren! Und von den Bürgern von Sichem und der Besatzung der Festung soll ein Feuer ausgehen, das Abimelech verzehrt!«

Als Jotam zu Ende gesprochen hatte, floh er vor seinem Bruder Abimelech nach Beer und blieb dort.

Als Abimelech drei Jahre über Israel geherrscht hatte, ließ Gott Feindschaft ausbrechen zwischen ihm und den Bürgern von Sichem; die Leute von Sichem lehnten sich gegen ihn auf. Abimelech sollte nämlich von der Strafe getroffen werden, die er durch den grausamen Mord an **58** seinen 70 Brüdern auf sich gezogen hatte, und auch die

Bürger von Sichem sollten dafür bestraft werden, dass sie ihm die Mittel verschafft hatten, seine Brüder umzubringen.

Um Abimelech zu schädigen, legten sich die Männer von Sichem in den Bergen rings um ihre Stadt auf die Lauer und raubten jeden aus, der auf den Straßen vorbeizog. Das wurde Abimelech gemeldet.

Um diese Zeit kam Gaal, der Sohn Ebeds, mit seinem Anhang nach Sichem und gewann das Vertrauen der Bürger. Als sie die Weinlese gehalten und neuen Wein gekeltert hatten, feierten sie ein großes Freudenfest im Tempel ihres Gottes. Sie aßen und tranken und schimpften auf Abimelech. Gaal rief ihnen zu: »Wer ist schon Abimelech? So einem sollen wir dienen, eine Stadt wie Sichem? Er ist ein Sohn des Israeliten Gideon, und diesen Sebul hat er als seinen Aufpasser über uns eingesetzt! Dient lieber den Nachkommen Hamors, des Gründers dieser Stadt. Warum sollen wir uns Abimelech unterwerfen? Wenn nur die Leute von Sichem mir folgten, ich würde schnell mit Abimelech fertig! Ich würde ihn auffordern: ›Ruf deine Truppe zusammen und stell dich zum Kampf!‹«

Als der Stadtkommandant Sebul hörte, wie Gaal das Volk aufhetzte, wurde er zornig. Er schickte heimlich Boten zu Abimelech und ließ ihm sagen: »Gaal, der Sohn Ebeds, ist mit seinen Brüdern nach Sichem gekommen. Sie wiegeln die Leute gegen dich auf! Komm deshalb im Schutz der Nacht mit deinen Truppen und halte dich in der Nähe der Stadt versteckt. Bei Sonnenaufgang überfällst du die Stadt, **59** und wenn Gaal dir mit seinen Leuten entgegenzieht, kannst du mit ihm abrechnen.«

Abimelech zog in der Nacht mit seinen Truppen herbei und versteckte sie in vier Abteilungen rings um die Stadt. Als Gaal am Morgen ins Stadttor trat, brachen Abimelech und seine Männer aus ihren Verstecken hervor. Gaal sah sie und sagte zu Sebul: »Da kommen ja Krieger von den Bergen herab!«

»Du hältst die Schatten am Berghang für Menschen«, erwiderte Sebul.

Aber Gaal sagte: »Doch, da kommen Krieger den ›Nabel der Erde‹ herab, und eine Abteilung kommt auf dem Weg, der an der Orakeleiche vorbeiführt.«

Da sagte Sebul zu ihm: »Wo bleibt nun dein großes Maul? Du hast gesagt: ›Wer ist schon Abimelech? So einem sollten die Leute von Sichem dienen?‹ Nun, da sind die Männer, von denen du so verächtlich geredet hast. Jetzt tritt an und kämpfe gegen Abimelech!«

Gaal führte die Männer von Sichem in den Kampf. Abimelech aber trieb ihn zurück, sodass er sich in die Stadt flüchten musste. Auf dem Weg bis zum Tor erschlugen die Krieger Abimelechs viele von den Männern der Stadt.

Abimelech kehrte nach Aruma zurück und blieb dort. Sebul aber vertrieb Gaal und seine Brüder aus Sichem.

Schon am nächsten Tag nahmen die Männer von Sichem ihre Raubzüge wieder auf. Als Abimelech davon erfuhr, teilte er seine Leute in drei Abteilungen und legte jede in einen Hinterhalt in der Nähe der Stadt. Als er die Männer von Sichem aus der Stadt kommen sah, brach er mit seinen Leuten hervor und schlug sie nieder. Im Einzelnen war es so abgelaufen: Er selbst lief mit der einen Abteilung zum Stadttor und sperrte den Durchgang; die beiden anderen trieben die Männer von Sichem zusammen und erschlugen alle.

Dann griff Abimelech die Stadt an. Den ganzen Tag kämpfte er um sie. Als er sie eingenommen hatte, tötete er alle Bewohner. Er zerstörte die Stadt und streute Salz auf die Trümmer.

Als die Insassen der Festung von Sichem merkten, dass die Stadt eingenommen war, flüchteten sie sich in das unterirdische Gewölbe im Tempel des Bundesgottes. Abimelech wurde gemeldet, dass sie sich alle dort zusammendrängten. Darauf ging er mit seinen Männern auf den Berg Zalmon, hieb mit der Axt einen Ast ab und nahm ihn auf die Schulter. »Was ihr gesehen habt, das macht mir nach, aber schnell«, sagte er zu seinen Männern.

Da hieb jeder einen Ast ab und trug ihn hinter Abimelech zur Burg. Sie schichteten die Äste über dem Gewölbe auf und zündeten sie an. So kamen alle Insassen der Festung ums Leben, ungefähr 1000 Männer und Frauen.

Darauf zog Abimelech vor die Stadt Tebez, belagerte und eroberte sie. In der Mitte der Stadt lag eine stark befestigte Burg. Dorthin flohen alle Bewohner, Männer und Frauen. Sie verriegelten das Tor und stiegen auf das flache Dach.

Abimelech versuchte die Burg zu erobern. Er näherte sich dem Tor und wollte Feuer daran legen, da warf eine Frau **61** ihm den Mahlstein einer Handmühle auf den Kopf und verwundete ihn tödlich. Abimelech rief seinem Waffenträger zu: »Zieh dein Schwert und töte mich! Sonst wird es heißen: Eine Frau hat ihn umgebracht!«

Der Waffenträger durchbohrte ihn mit dem Schwert, sodass er starb. Als die Israeliten sahen, dass Abimelech tot war, liefen sie auseinander und jeder kehrte nach Hause zurück.

So ließ Gott das Böse, das Abimelech mit dem Mord an seinen Brüdern seinem Vater angetan hatte, auf ihn selbst zurückfallen. Auch die Männer von Sichem hatte Gott die Folgen ihres bösen Tuns spüren lassen. Der Fluch war in Erfüllung gegangen, den Jotam, der Sohn Gideons, über sie ausgesprochen hatte.

Erpressung von Schutzgeld
David, Abigajil und Nabal

Als größter König in der Geschichte Israels gilt David. Durch ihn werden die Nachbarvölker unterworfen und Israel zum Großreich ausgebaut. Gott selbst verheißt Davids Königtum festen Bestand und seiner Dynastie ewige Dauer. David erhebt Jerusalem zu seiner Hauptstadt, wo von nun an der Thron des Königs von Israel und die Bundeslade als »Thron Gottes« stehen.

Doch so glanzvoll David auf dem Höhepunkt seiner
Macht erscheint, so zweifelhaft und unscheinbar beginnt

sein Weg. Er kommt als Harfenspieler an den Hof seines Vorgängers Saul, der das Königtum in Israel begründet hat, zeigt jedoch schon bald auch kriegerische Qualitäten. Nach militärischen Erfolgen gegen die Philister, die Erzfeinde Israels, wird David allerdings ein Opfer der Eifersucht Sauls und muss vom Hof fliehen. Daraufhin zieht er als Anführer einer Streitschar von mehreren Hundert Mann durch die Lande und stellt sich mit ihnen schließlich sogar in den Dienst der Philister.

Von der kriminellen Art und Weise, wie sich David mit den ruchlosen Männern seiner Anhängerschaft durchschlägt, erzählt die Geschichte von Nabal und Abigajil. Sie schildert den klassischen Fall einer Schutzgelderpressung gegenüber einem reichen Viehzüchter. Nur durch das beherzte und eigenmächtige Eingreifen von dessen Frau Abigajil wird die Eskalation der Gewalt verhindert. Am Ende stellt sich in dieser doppelten Kriminalgeschichte allerdings die Frage, wer unverfrorener und durchtriebener zur Sache gegangen ist: David, der durch seine offene Gewaltandrohung das Gewünschte erhalten hat, oder Abigajil, die durch ihr Vorgehen nicht nur ihr Eigentum bewahrt, sondern auch sich selbst einen Platz an der Seite des künftigen Königs von Israel erobert hat. (1. Samuel 25,2-42)

In der Ortschaft Maon lebte ein sehr reicher Mann, der im Nachbardorf Karmel Viehzucht betrieb. Er hatte in Karmel 3000 Schafe und 1000 Ziegen und befand sich gerade dort, weil Schafschur war. Dieser Mann hieß Nabal und war ein Nachkomme Kalebs. Seine Frau hieß Abigajil, sie war schön und klug, er selbst aber grob und gemein.

Als David in der Wüste hörte, dass Nabal zur Schafschur nach Karmel gekommen war, schickte er zehn junge Männer los mit dem Auftrag: »Geht hinauf nach Karmel, bestellt Nabal einen Gruß von mir und richtet ihm Folgendes aus: ›Ich wünsche dir alles Gute! Glück und Heil für dich und deine Familie und für alles, was dir gehört! Ich habe gehört, dass du deine Schafe scheren lässt. Darf ich dich daran erinnern, dass deine Hirten die Schafe ganz in unserer Nähe weiden ließen? Wir haben ihnen nichts zuleide getan, und während der ganzen Zeit ist ihnen in Karmel kein einziges Schaf abhanden gekommen. Frage sie nur, sie werden es dir bestätigen. Nimm also meine Boten freundlich auf! Heute ist doch ein Festtag für dich. Hab die Güte und gib ihnen mit, was du für deinen ergebenen Diener David erübrigen kannst.‹«

Nachdem sie Nabal das alles im Namen Davids ausgerichtet hatten, blieben die Boten abwartend stehen.

Nabal aber entgegnete ihnen: »David? Wer ist das? Sohn von Isai? Nie von ihm gehört! Heutzutage gibt es genug Knechte, die ihren Herren davongelaufen sind und ein Räuberleben führen. Mein Brot und mein Trinkwasser und die geschlachteten Tiere hier sind für meine Schafscherer. Soll ich es etwa Leuten geben, von denen ich nicht einmal weiß, woher sie kommen?«

Die Männer kehrten zu David zurück und berichteten ihm alles.

»Schnallt die Schwerter um!«, befahl David. Auch er nahm sein Schwert. Mit 400 Mann zog er los; die restlichen 200 ließ er als Wache am Lagerplatz zurück.

Einer von Nabals Knechten war zu Abigajil gelaufen. »Soeben waren Boten von David da«, berichtete er. »Er ließ unseren Herrn freundlich grüßen, aber der hat sie nur beschimpft. Dabei waren die Männer Davids immer sehr gut zu uns und haben uns nie etwas getan. In der ganzen Zeit, die wir draußen in ihrer Nähe umherzogen, ist uns kein einziges Schaf gestohlen worden. Sie waren wie eine schützende Mauer bei Tag und bei Nacht, solange die Herden in ihrer Nähe weideten. Sieh zu, ob du noch etwas retten kannst; sonst ist unser Herr verloren und wir alle mit. Er selbst ist ja so boshaft und eigensinnig, dass er nicht mit sich reden lässt.«

Schnell ließ Abigajil einige Esel beladen. Sie nahm 200 Fladenbrote, zwei Krüge voll Wein, fünf geschlachtete Schafe, einen Sack geröstete Körner, 100 Portionen gepresste Rosinen und 200 Portionen Feigenmark. Sie befahl ihren Knechten: »Geht ihr mit den Eseln voraus, ich komme gleich nach!«

Ihrem Mann sagte sie nichts davon.

Als Abigajil auf ihrem Esel den Berg hinunterritt, kamen ihr plötzlich an einer Biegung des Weges David und seine Leute entgegen. David schimpfte gerade: »Für nichts und wieder nichts habe ich in der Steppe alles beschützt, was diesem Schuft gehört! Nicht ein einziges Stück Vieh ist ihm weggekommen, nur Gutes habe ich ihm getan – und das ist jetzt der Dank dafür! Gott soll mich strafen, wenn er von allen seinen Leuten morgen früh noch *einen* hat, der an die Wand pinkelt!«

Als Abigajil sah, dass es David war, stieg sie rasch von ihrem Esel, warf sich vor David nieder, das Gesicht zur Erde, und blieb vor seinen Füßen liegen. »Es ist alles meine Schuld, Herr!«, sagte sie. »Bitte hör mich an, lass es dir erklären! Nabal, diesen nichtsnutzigen Menschen, darfst du nicht ernst nehmen. Er ist genau das, was sein Name sagt: ein bösartiger Dummkopf. Unglücklicherweise war ich nicht da, als deine Boten kamen. So gewiss der Herr lebt und du selbst lebst: Es ist gut, dass ich dir noch rechtzeitig begegnet bin! Der Herr hat dich so daran gehindert, dich zu rächen und dabei schwere Schuld auf dich zu laden. Nabal wird seiner Strafe nicht entgehen. Allen deinen Feinden, die dir schaden wollen, soll es so ergehen wie ihm! Bitte, Herr, nimm dieses Geschenk an, das ich dir mitgebracht habe, und verteile es unter deine Gefolgsleute. Ich bin dir treu ergeben; verzeih mir, dass ich so vermessen war, dir in den Weg zu treten. Ich weiß, der Herr wird dich zum König machen und dein Königshaus wird für immer bestehen. Du bist ja der Mann, durch den der Herr seine Kriege führt; und dein Leben lang wird dir niemand ein Unrecht vorwerfen können. Wenn dich jemand verfolgt und dich umbringen möchte, wird er dir nichts anhaben können, weil der Herr dein Leben bewahren wird, wie man einen kostbaren Stein im Beutel verwahrt; aber das Leben deiner Feinde wird der Herr wegwerfen, wie man einen Stein mit der Schleuder fortschleudert. Wenn dann der Herr alle seine Zusagen eingelöst und dir die Herrschaft über Israel gegeben hat, wirst du froh sein, dass dein Gewissen rein ist und du dir nicht selbst zu deinem Recht verholfen und ohne Grund Blut vergossen hast. Und denk dann auch an mich, deine Dienerin, wenn der Herr dich so weit gebracht hat.«

»Gepriesen sei der Herr, der Gott Israels«, rief David, »dass er dich in diesem Augenblick mir entgegengeschickt hat. Und gepriesen sei deine Klugheit! Gesegnet sollst du sein, weil du mich davor bewahrt hast, eigenmächtig Rache zu nehmen und Blutschuld auf mich zu laden. Ich schwöre dir beim Herrn, dem Gott Israels, der mich davor bewahrt hat, dir etwas zuleide zu tun: Wenn du mir nicht so schnell entgegengekommen wärst, hätte Nabal morgen früh, wenn es hell wird, von seinen Männern keinen mehr am Leben gefunden – keinen von allen, die an die Wand pinkeln!«

David nahm die Gaben an, die Abigajil ihm gebracht hatte, und sagte zu ihr: »Geh unbesorgt nach Hause. Was du von mir erbeten hast, ist dir gewährt.«

Als Abigajil nach Hause kam, saß Nabal mit seinen Leuten beim Festmahl; er feierte wie ein König. Er war in Hochstimmung und völlig betrunken, deshalb sagte sie ihm nichts. Erst am anderen Morgen, als er wieder nüchtern war, erzählte sie ihm, was vorgefallen war. Als er das hörte, traf ihn der Schlag und er konnte sich nicht mehr rühren. Zehn Tage später ließ der Herr ihn sterben.

Als David davon hörte, sagte er: »Gepriesen sei der Herr! Er hat mir Recht verschafft und Nabal für seine Unverschämtheit bestraft. Er hat mich, seinen Diener, davor bewahrt, unbedacht Schuld auf mich zu laden. Er hat Nabals böse Tat auf ihn selbst zurückfallen lassen.«

Dann schickte David zu Abigajil und bat sie, seine Frau zu werden. Seine Boten kamen zu ihr nach Karmel und sagten: »David schickt uns, er will dich zur Frau nehmen!«

Da stand sie auf, warf sich nieder mit dem Gesicht zur Erde und sagte: »Ich bin seine Sklavin und bereit, den Dienern meines Herrn die Füße zu waschen.«

Schnell machte sie sich reisefertig und setzte sich auf ihren Esel; ihre fünf Mägde begleiteten sie. Sie folgte den Boten Davids und wurde seine Frau.

Von sexueller Nötigung zum Mord
David, Batseba und Urija

David behält auch als König zwielichtige Züge. Für die Zeit seiner Regentschaft erzählt die Bibel nicht nur von großen militärischen und politischen Erfolgen, sondern ebenso von verbrecherischen Machenschaften. Und auch diesmal ist eine Frau im Spiel: Batseba, die Nachbarin Davids, wird Opfer der königlichen Lust, während ihr Mann Urija an der Front steht. Schutzlos ist sie Davids sexueller Nötigung ausgeliefert. Als sie schwanger wird, droht der Ehebruch allerdings entdeckt zu werden – ein Vergehen, auf das nach den Geboten Gottes die Todesstrafe steht. Um seine Tat zu vertuschen, versucht David, Urija die Vaterschaft unterzuschieben, scheitert dabei aber an dessen Gebotstreue und soldatischer Pflichterfüllung. Deshalb setzt er einen heimtückischen Plan in Kraft, der Urija das Leben kostet.

In der Fortsetzung der Geschichte sieht es zunächst so aus, als hätte David mit seiner kriminellen Dreistigkeit Erfolg. Wenn ihm auch die Vertuschung der Tat nicht vollständig gelungen sein mag, hat er doch zumindest den potenziellen Ankläger aus dem Weg geschafft. Und er kann damit rechnen, dass es sonst kaum jemand wagen wird, gegen den König direkt aufzustehen – Batseba selbst war von ihrer Rechtsstellung her dazu nicht in der Lage.

Doch dann macht Gott seinem Erwählten selbst einen Strich durch die Rechnung. Er schickt den Propheten Natan als Ermittler, der David auf raffinierte Weise ins Verhör nimmt und schließlich zum Geständnis zwingt. Der Strafe, die Gott für das doppelte Verbrechen von Ehebruch und Mord ankündigen lässt, kann David auch durch sein Schuldeingeständnis nicht entgehen. Das Todesurteil, das er selbst über sein Verhalten gesprochen hat, tritt aber angesichts seiner aufrichtigen Reue nicht in Kraft. Gottes Vergebung erweist sich als größer. (2. Samuel 11,1–12,25)

Im folgenden Frühjahr, um die Zeit, wenn die Könige in den Krieg ziehen, schickte David Joab mit seinen Kriegsleuten und dazu das ganze Heer Israels von neuem in den Kampf. Sie setzten den Ammonitern schwer zu und belagerten ihre Hauptstadt Rabba. David selbst blieb in Jerusalem.

An einem Spätnachmittag erhob sich David von der Mittagsruhe und ging auf dem flachen Dach des Königspalastes auf und ab. Da sah er im Hof des Nachbarhauses eine Frau, die gerade badete. Sie war sehr schön. David ließ einen Diener kommen und erkundigte sich, wer sie sei. Man sagte ihm: »Das ist doch Batseba, die Tochter Ammiëls und Frau des Hetiters Urija.«

David schickte Boten hin und ließ sie holen. Sie kam zu ihm und er schlief mit ihr. Sie hatte gerade die Reinigung nach ihrer monatlichen Blutung vorgenommen. Danach kehrte sie wieder in ihr Haus zurück.

Die Frau wurde schwanger und ließ David ausrichten: »Ich bin schwanger geworden!«

Da sandte er einen Boten zu Joab mit dem Befehl: »Schick mir den Hetiter Urija her!«

Und Joab schickte ihn zu David.

Als Urija kam, erkundigte sich David, ob es Joab gut gehe und den Kriegsleuten gut gehe und ob die Kampfhandlungen erfolgreich verliefen. Dann sagte er zu ihm: »Geh jetzt nach Hause und ruh dich aus!«

Als Urija den Palast verließ, wurde ein königliches Ehrengeschenk hinter ihm hergetragen. Doch Urija ging nicht in sein Haus, sondern übernachtete mit den anderen Dienern seines Herrn am Tor des Königspalastes.

Als David gemeldet wurde: »Urija ist nicht nach Hause gegangen«, fragte er ihn: »Warum gehst du nicht nach Hause? Du hast doch einen langen Weg hinter dir?«

Urija antwortete: »Die Männer Israels und Judas stehen im Feld und auch die Bundeslade hat nur ein Zeltdach über sich; mein Befehlshaber Joab und seine Offiziere lagern auf dem bloßen Boden. Und da soll ich nach Hause gehen, essen und trinken und mit meiner Frau schlafen? So gewiss du lebst: Das werde ich nicht tun!«

David sagte: »Bleib noch einen Tag hier; morgen lasse ich dich gehen!«

Urija blieb den Tag in Jerusalem. Am nächsten Tag lud David ihn an seine Tafel. Er machte ihn betrunken, aber wieder ging Urija am Abend nicht nach Hause, sondern legte sich bei den anderen Dienern seines Herrn schlafen.

Am nächsten Morgen schrieb David einen Brief an Joab und ließ ihn durch Urija überbringen. Darin stand: »Stellt Urija in die vorderste Linie, wo der Kampf am härtesten ist! Dann zieht euch plötzlich von ihm zurück, sodass er erschlagen wird und den Tod findet.«

Joab wusste, wo die Gegner ihre tapfersten Kämpfer hatten. Als nun die Israeliten die Stadt weiter belagerten, stellte er Urija genau an diese Stelle. Einmal machten dort die Belagerten einen Ausfall und lieferten Joab ein Gefecht, bei dem einige von Davids Leuten fielen. Auch Urija fand dabei den Tod.

Joab meldete David den Verlauf des Gefechts. Er schärfte dem Boten ein: »Wenn du den ganzen Hergang berichtet hast, wird der König vielleicht zornig und fragt dich: ›Warum seid ihr beim Kampf so nahe an die Stadt herangegangen? Ihr wisst doch, dass von der Mauer heruntergeschossen wird! Habt ihr vergessen, wie es Abimelech, dem Sohn Jerubbaals, vor Tebez erging, als eine Frau den Mahlstein einer Handmühle von der Mauer warf, der ihn erschlug? Warum seid ihr so nahe an die Mauer herangerückt?‹ Dann sollst du sagen: ›Auch dein Diener Urija, der Hetiter, ist ums Leben gekommen.‹«

Der Bote ging zu David und meldete ihm alles, was Joab ihm aufgetragen hatte. Er berichtete: »Die Feinde waren stärker als wir, sie machten einen Ausfall und griffen uns auf offenem Feld an. Doch wir drängten sie bis dicht an das Stadttor zurück. Da schossen die Bogenschützen von der Mauer auf uns herunter. Einige von deinen Leuten fielen, auch dein Diener Urija, der Hetiter, fand dabei den Tod.«

David befahl dem Boten: »Sag Joab von mir: ›Nimm die Sache nicht so schwer! Das Schwert holt sich bald diesen, bald jenen. Nur Mut! Kämpfe noch entschiedener gegen die Stadt, bis sie zerstört ist!‹ So sollst du ihm Mut machen.«

Als die Frau Urijas hörte, dass ihr Mann gefallen war, hielt sie für ihn die Totenklage. Nach Ablauf der Trauerzeit holte David sie zu sich in seinen Palast und heiratete sie. Sie gebar ihm einen Sohn.

Doch dem Herrn missfiel, was David getan hatte. Deshalb sandte der Herr den Propheten Natan zu David. Natan ging zum König und sagte: »Ich muss dir einen Rechtsfall vortragen: Zwei Männer lebten in derselben Stadt. Der eine war reich, der andere arm. Der Reiche besaß eine große Zahl von Schafen und Rindern. Der Arme hatte nichts außer einem einzigen kleinen Lämmchen. Er hatte es gekauft und zog es zusammen mit seinen Kindern bei sich auf. Es aß von seinem Brot, trank aus seinem Becher und schlief in seinem Schoß. Er hielt es wie eine Tochter. Eines Tages bekam der reiche Mann Besuch. Er wollte keines von seinen eigenen Schafen oder Rindern für seinen Gast hergeben. Darum nahm er dem Armen das Lamm weg und setzte es seinem Gast vor.«

David brach in heftigen Zorn aus und rief: »So gewiss der Herr lebt: Der Mann, der das getan hat, muss sterben! Und das Lamm muss er vierfach ersetzen – als Strafe dafür, dass er diese Untat begangen und kein Mitleid gehabt hat!«

»*Du* bist der Mann!«, sagte Natan zu David. »Und so spricht der Herr, der Gott Israels: ›Ich habe dich zum König über Israel gesalbt und dich vor den Nachstellungen Sauls gerettet. Ich habe dir den ganzen Besitz deines Herrn gegeben, habe seine Frauen in deinen Schoß gelegt und dich zum König über Juda und Israel gemacht. Und wenn das noch zu wenig war, hätte ich dir noch dies und das geben können. Warum hast du meine Gebote missachtet und getan, was mir missfällt? Du hast den Hetiter Urija auf dem Gewissen, durch das Schwert der Ammoniter hast du ihn umbringen lassen und dann hast du dir seine Frau genommen. Genauso wird nun das Schwert sich in aller Zukunft in deiner Familie Opfer suchen, weil du mich missachtet und die Frau des Hetiters zu deiner Frau gemacht hast.‹«

Und auch das sagte Natan noch: »So spricht der HERR: ›Aus deiner eigenen Familie lasse ich Unglück über dich kommen. Du wirst mit ansehen müssen, wie ich dir deine Frauen wegnehme und sie einem anderen gebe, der am helllichten Tag mit ihnen schlafen wird. Was du heimlich getan hast, will ich im Licht des Tages geschehen lassen und ganz Israel wird es sehen.‹«

David sagte zu Natan: »Ich bekenne mich schuldig vor dem HERRN!«

Natan erwiderte: »Auch wenn der HERR über deine Schuld hinwegsieht und du nicht sterben musst – der Sohn, den dir Batseba geboren hat, muss sterben, weil du mit deiner Untat den HERRN verhöhnt hast!«

Dann ging Natan nach Hause.

Der HERR aber ließ das Kind, das Urijas Frau geboren hatte, schwer krank werden. David flehte Gott an, es am Leben zu lassen. Er rührte kein Essen an und legte sich nachts zum Schlafen auf den nackten Boden. Die vertrautesten unter seinen Hofleuten gingen zu ihm und wollten ihn aufheben und ins Bett bringen, aber er ließ es nicht zu und aß auch nicht mit ihnen.

Nach einer Woche starb das Kind. Keiner von Davids Dienern wagte ihm zu sagen, dass es tot war. »Schon als das Kind noch lebte, wollte er sich nicht trösten lassen«, sagten sie zueinander. »Wenn er nun erfährt, dass es gestorben ist, wird es für uns gefährlich!«

Als David merkte, dass seine Diener miteinander flüsterten, wurde ihm klar, was geschehen war. »Ist das Kind tot?«, fragte er.

»Ja«, antworteten sie.

Da stand David vom Boden auf, wusch und salbte sich und zog frische Kleider an. Dann ging er ins Heiligtum und warf sich vor dem HERRN nieder.

Wieder in seinen Palast zurückgekehrt, ließ er sich etwas zu essen bringen. Seine Leute fragten ihn: »Wie sollen wir das verstehen? Als das Kind noch lebte, hast du geweint und gefastet, und nun, wo es gestorben ist, stehst du auf und isst!«

Doch David sagte: »Solange das Kind noch lebte, habe ich gefastet und geweint, weil ich dachte: Vielleicht hat der HERR doch noch Erbarmen mit mir und lässt es am Leben. Aber nun ist es tot; was soll ich mich da noch kasteien? Ich kann es ja doch nicht wieder zum Leben erwecken. Ich folge ihm einmal nach – aber zu mir kommt es nicht mehr zurück.«

Dann ging David zu Batseba, seiner Frau, und tröstete sie. Er schlief mit ihr und sie bekam wieder einen Sohn. David gab ihm den Namen Salomo.

Der HERR wandte dem Kind seine Liebe zu. Das ließ er David durch den Propheten Natan mitteilen. Der gab ihm den Namen Jedidja, weil der HERR es so gesagt hatte.

Vergewaltigung und Hochverrat
Amnon, Tamar und Abschalom

Auch in der Generation der Kinder Davids ist das Verbrechen keineswegs vom Königshof verbannt. Teils aus sexueller Lust, teils aus Machtgier vergehen sich die Königssöhne an ihren eigenen Geschwistern. So erzählt das 2. Samuelbuch, wie Davids Erstgeborener, der Kronprinz Amnon, aus ungestilltem Verlangen seine eigene Halbschwester Tamar vergewaltigt. Da Tamar noch Jungfrau ist, gilt dieses ohnehin schwere Vergehen in Israel als eine besondere »Schandtat«. Gleichzeitig schreibt das jüdische Gesetz vor, dass Amnon nach dem Geschlechtsakt zur Ehe mit Tamar verpflichtet wäre. So heißblütig wie er sich zunächst seiner Halbschwester bemächtigte, so kaltblütig verstößt er sie jedoch im Anschluss an die Tat. Die Frau ist für ihn kein lebendiges Gegenüber, auf dessen Stimme er hört, sondern wie ein Gegenstand, den er nach Belieben benutzt. Durch Amnons Schuld gilt Tamar von nun an als entehrte Frau, einer Hure gleich und ohne Aussicht darauf, noch einen Ehemann zu finden.

Tamar selbst macht das Verbrechen zwar öffentlich, findet bei David, der es als König und Vater zu bestrafen hätte, aber keine Unterstützung. Nach einiger Zeit nimmt jedoch ihr leiblicher Bruder Abschalom die Sühnung der Untat in die Hand. Durch eine List lockt er seinen Halbbruder Amnon vom Hofe weg und lässt ihn erschlagen.

Offen bleibt allerdings, ob er damit wirklich in erster Linie seine Schwester rächen wollte oder ob es ihm nicht vor allem darum ging, den älteren Thronanwärter aus dem Wege zu räumen. Die zweite Möglichkeit wird im Fortgang der Geschichte, in dem Abschalom nach einer vorläufigen Versöhnung mit seinem Vater das Königtum an sich zu reißen versucht, immer wahrscheinlicher. So macht sich der selbst ernannte Richter über die Untat des Bruders seinerseits des Hochverrats und des Verrats am eigenen Vater schuldig. Verbrechen im Familienkreis und Verbrechen am Königshof gehen hier Hand in Hand. (2. Samuel 13,1–15,17)

Davids Sohn Abschalom hatte eine Schwester namens Tamar. Sie war sehr schön, und ihr Halbbruder Amnon, einer der anderen Söhne Davids, verliebte sich in sie. Er war ganz niedergedrückt und wurde fast krank ihretwegen; sie war nämlich noch Jungfrau und er sah keine Möglichkeit, sich ihr zu nähern.

Nun hatte Amnon einen Freund namens Jonadab. Er war ein Sohn von Davids Bruder Schima und wusste in jeder Lage einen Rat. Er sagte zu Amnon: »Warum bist du Morgen für Morgen so niedergeschlagen, Prinz? Willst du mir nicht sagen, was dich bedrückt?«

»Ich bin verliebt in Tamar, die Schwester meines Bruders Abschalom«, erwiderte er.

Jonadab riet ihm: »Du legst dich ins Bett und stellst dich krank. Wenn dein Vater nach dir sieht, dann sagst du zu ihm: ›Meine Schwester Tamar soll kommen und mir etwas Stärkendes zu essen geben. Hier vor meinen Augen soll sie es zubereiten, damit ich zusehen kann. Dann soll sie selbst es mir reichen.‹«

Amnon legte sich also hin und stellte sich krank, und als der König ihn besuchte, sagte er zu ihm: »Meine Schwester Tamar soll kommen und hier vor meinen Augen ein paar Küchlein backen; von ihrer Hand werde ich sie essen.«

David schickte jemand zu Tamar ins Haus und ließ ihr sagen: »Geh ins Haus deines Bruders Amnon und mach ihm etwas Stärkendes zu essen!«

So ging Tamar ins Haus ihres Bruders Amnon; er lag im Bett. Sie nahm Teig, knetete ihn, formte Küchlein daraus und backte sie in der Pfanne. Amnon konnte ihr dabei vom Nebenraum aus zusehen. Dann nahm sie die Pfanne und schüttete die Speise auf einen Teller.

Aber er weigerte sich zu essen. »Die anderen sollen erst hinausgehen«, verlangte er.

Als alle fort waren, sagte er zu Tamar: »Bring mir die Speise ins Schlafzimmer! Ich mag nur essen, wenn du sie mir mit eigener Hand gibst.«

Tamar nahm die Küchlein, die sie gebacken hatte, und brachte sie ihrem Bruder ans Bett. Als sie ihm aber etwas davon reichte, packte er sie und sagte: »Komm, Schwester, leg dich zu mir!«

»Nein, Bruder, tu mir nicht Gewalt an!«, wehrte sie sich. »Das darf in Israel nicht geschehen! Begeh nicht eine solche Schandtat! Was soll aus mir werden, wenn du mich so entehrst? Und du selbst würdest in Israel wie einer von den gottvergessenen Schurken dastehen. Sprich doch mit dem König! Er wird mich dir sicher zur Frau geben.«

Doch Amnon wollte nicht auf sie hören. Er fiel über sie her und vergewaltigte sie. Hinterher aber empfand er eine solche Abneigung gegen das Mädchen, dass er es nicht mehr ausstehen konnte. Sein Abscheu war größer, als vorher sein Verlangen gewesen war.

»Steh auf! Mach, dass du fortkommst!«, sagte er zu ihr.

»Nein, jag mich nicht weg!«, flehte sie ihn an. »Das wäre ein noch größeres Unrecht als das erste.«

Aber Amnon wollte nicht auf sie hören. Er rief seinen engsten Diener und befahl ihm: »Wirf mir die da hinaus und verriegle die Tür hinter ihr!«

Tamar hatte ein Gewand mit langen Ärmeln an, wie es die unverheirateten Königstöchter trugen. Als der Diener sie hinauswarf und die Tür hinter ihr verschloss, streute sie sich Staub aufs Haar, zerriss das Ärmelkleid, legte die Hand auf den Kopf und lief laut weinend davon.

Als sie zu ihrem Bruder Abschalom kam, fragte er sie: »Hat Amnon dir etwas angetan? Sprich nicht darüber, er ist schließlich dein Bruder! Nimm es nicht zu schwer.«

So blieb Tamar im Haus ihres Bruders Abschalom und lebte dort einsam, von jedem weiteren Umgang ausgeschlossen.

Als König David erfuhr, was geschehen war, wurde er sehr zornig. Aber er bestrafte Amnon nicht, denn er liebte ihn, weil er sein erstgeborener Sohn war. Abschalom aber sprach kein Wort mehr mit Amnon; so sehr hasste er ihn, weil er seine Schwester Tamar vergewaltigt hatte.

Zwei Jahre später hielt Abschalom Schafschur in Baal-Hazor in der Nähe der Stadt Efraïm und lud dazu alle Königssöhne ein. Er ging zu König David und sagte: »Mein Herr und König, bei mir ist gerade Schafschur. Darf ich den König und seine engsten Vertrauten einladen, sie mit mir zu feiern?«

»Aber nein, mein Sohn«, erwiderte der König. »Es wären zu viele, wenn wir alle kämen. Wir wollen dir nicht zur Last fallen.«

Abschalom wiederholte seine Bitte und drängte den König, aber der ließ sich nicht umstimmen und entließ ihn mit einem Segenswunsch. Doch Abschalom blieb hartnäckig.

»Kann nicht wenigstens mein Bruder Amnon mitkommen?«, sagte er.

»Warum denn?«, fragte der König.

Aber Abschalom gab keine Ruhe, bis David schließlich Amnon und alle seine anderen Söhne mit ihm ziehen ließ.

Abschalom bewirtete seine Gäste wie ein König. Seinen Leuten befahl er: »Seid bereit! Wenn der Wein bei Amnon zu wirken beginnt und ich euch sage: ›Erschlagt Amnon!‹, dann tötet ihn! Habt keine Angst; ich übernehme die Verantwortung. Seid nur mutig; zeigt, dass ihr tapfere Männer seid!«

Die Leute Abschaloms gehorchten seinem Befehl und töteten Amnon. Die übrigen Söhne Davids sprangen alle auf, **80** bestiegen ihre Maultiere und flohen.

Sie waren noch unterwegs, als schon das Gerücht zu David drang: »Abschalom hat alle Königssöhne umgebracht, keiner ist entkommen!«

Der König stand auf, zerriss sein Gewand und warf sich zu Boden. Auch die Diener, die dabeistanden, zerrissen ihre Kleider. Aber Jonadab, der Sohn von Davids Bruder Schima, sagte: »Mein Herr und König, sie haben bestimmt nicht alle Königssöhne umgebracht! Wahrscheinlich ist nur Amnon tot. Es war Abschalom doch anzusehen, dass er auf Rache sann seit dem Tag, an dem Amnon seine Schwester Tamar vergewaltigt hat. Lass dich also von dem Gerücht nicht beunruhigen! Deine Söhne sind am Leben; nur Amnon ist tot.«

Abschalom war übrigens sofort nach der Tat geflohen.

Der Späher, der ausschaute, sah jetzt auf dem Weg von Westen eine größere Menschenmenge den Berghang herunterkommen. Da sagte Jonadab zu David: »Siehst du, da kommen sie, die Königssöhne! Es ist genauso gelaufen, wie es dein ergebener Diener gesagt hat.«

Kaum hatte er das ausgesprochen, da waren die Söhne des Königs auch schon da. Sie begannen laut zu weinen, und auch David und seine Hofleute brachen in Tränen aus.

Abschalom floh zum König von Geschur, zu Talmai, dem Sohn von Ammihud. David aber trauerte lange um seinen Sohn Amnon.

Abschalom war also nach Geschur geflohen. Dort blieb er drei Jahre. Nach einiger Zeit begann David sich mit Amnons Tod abzufinden und sein Zorn gegen Abschalom   **81** legte sich. Joab merkte, dass der König seinen Sohn Abschalom zu vermissen begann. Er ließ deshalb aus dem Dorf Tekoa eine weise Frau holen und sagte zu ihr: »Du sollst die Rolle einer abgehärmten Frau spielen! Zieh Trauerkleider an, lass dein Gesicht ungesalbt und stelle dich so, als ob du schon lange um einen Toten trauertest. Dann geh zum König und sprich mit ihm genau nach meiner Anweisung.«

Joab instruierte sie, was sie tun und sagen sollte. Als die Frau zum König kam, warf sie sich vor ihm nieder, das Gesicht zur Erde, und sagte: »Hilf mir, mein König!«

»Wo fehlt es?«, fragte er und sie erzählte: »Ich bin eine arme Witwe; mein Mann ist tot. Ich hatte zwei Söhne, die gerieten eines Tages auf dem Feld miteinander in Streit. Weil niemand in der Nähe war, der dazwischentreten konnte, kam es so weit, dass der eine den andern erschlug. Nun haben sich alle Verwandten zusammengetan und verlangen, dass ich ihnen den noch lebenden Sohn herausgebe. Sie wollen ihn töten, weil er seinen Bruder umgebracht hat. Aber dann stehe ich ohne Sohn und Erben da. Sie werden mir den letzten Funken Hoffnung auslöschen und es dahin bringen, dass niemand übrig bleibt, der in Zukunft noch den Namen meines Mannes trägt und dafür sorgt, dass die Familie nicht ausstirbt.«

»Geh ruhig nach Hause«, antwortete der König. »Ich werde die nötigen Anordnungen treffen.«

»Mein Herr und König«, sagte die Frau, »aber ich und meine Familie werden dann doch als Rechtsbrecher dastehen; denn dem König selbst wird niemand etwas vorzuwerfen wagen.«

Der König erwiderte: »Wenn dich jemand deswegen belästigt, dann bring ihn zu mir, und er wird dich künftig in Ruhe lassen.«

Sie aber sagte: »Wiederhole deine Zusage und rufe dabei den HERRN, deinen Gott, als Zeugen an! Nur dann bin ich sicher, dass der Bluträcher mein Unglück nicht noch größer macht und mein zweiter Sohn auch umgebracht wird.«

»So gewiss der HERR lebt«, erklärte David, »deinem Sohn soll kein Haar gekrümmt werden.«

»Mein Herr und König«, fuhr nun die Frau fort, »darf ich noch etwas sagen?«

»Sprich!«, sagte der König und sie begann: »Warum willst du am Volk Gottes genau dasselbe Unrecht begehen? Nach der Entscheidung, die du, mein König, soeben getroffen hast, stehst du selbst wie ein Schuldiger da, wenn du deinen verbannten Sohn nicht zurückkehren lässt. Wir müssen doch alle einmal sterben; es geht uns wie dem Wasser, das auf die Erde geschüttet wird und darin versickert: Das Leben lässt sich nicht wieder zurückholen. Aber Gott will nicht, dass noch mehr Leben zerstört wird. Deshalb ist er darauf aus, dass ein Verbannter nicht für immer in der Verbannung bleibt – womit er ja auch aus *seiner* Nähe verbannt ist. Mein Herr und König, ich bin mit meinem Anliegen zu dir gekommen, weil meine Verwandten mir solche Angst eingejagt haben. Da sagte ich mir: Ich will meine Sache dem König vortragen, vielleicht wird er mir helfen. Er wird gewiss auf meine Bitte eingehen, dachte ich; er wird mich vor dem Mann retten, der meinen Sohn töten und damit auch mich aus unserem Erbbesitz drängen will. Ich dachte, die Entscheidung meines Herrn und Königs wird mir Ruhe verschaffen; denn mein König ist so unbestechlich wie der Engel Gottes und entscheidet unparteiisch über Recht und Unrecht. Möge der Herr, dein Gott, dir auch weiterhin beistehen!«

Der König erwiderte der Frau: »Ich will dich etwas fragen, aber du darfst mir nichts verschweigen!«

»Frag nur, mein Herr und König!«

»Nun, hat hier nicht Joab seine Hand mit im Spiel?«

»Wahrhaftig, mein Herr und König!«, rief die Frau. »Es ist unmöglich, etwas vor dir, meinem Herrn, zu verbergen. Ja, dein Heerführer Joab hat mich hergeschickt und mir genau erklärt, was ich sagen und tun soll. Er wollte nicht gleich mit der Tür ins Haus fallen. Aber mein Herr und König ist so weise wie der Engel Gottes, er durchschaut alles, was auf Erden vor sich geht.«

Darauf sagte der König zu Joab: »Gut, ich erfülle deine Bitte. Geh und hol mir den Jungen, den Abschalom, zurück!«

Joab warf sich vor David zu Boden, das Gesicht zur Erde, und sagte: »Gott segne dich dafür, mein König! Jetzt weiß ich, dass du mir freundlich gesinnt bist, weil du meinen Wunsch erfüllt hast.«

Joab ging sofort nach Geschur und brachte Abschalom nach Jerusalem zurück. Der König aber befahl: »Er soll in

84

sein Haus gehen; ich empfange ihn nicht!« So lebte Abschalom wieder in seinem Haus, aber zum König wurde er nicht vorgelassen.

In ganz Israel gab es keinen Mann, der so schön war und so sehr bewundert wurde wie Abschalom. Vom Scheitel bis zur Sohle war alles an ihm vollkommen. Wenn er sein Haar schneiden ließ – und das geschah einmal im Jahr, wenn es ihm zu schwer wurde –, dann wog das abgeschnittene Haar jedes Mal fünf Pfund. Er hatte drei Söhne und eine Tochter namens Tamar, eine sehr schöne Frau.

Abschalom lebte nun schon zwei Jahre in Jerusalem, ohne seinen Vater gesehen zu haben. Da ließ er Joab zu sich rufen, damit er beim König ein Wort für ihn einlege; aber Joab wollte nicht zu ihm kommen.

Noch ein zweites Mal schickte er nach Joab, aber auch diesmal wollte er nicht kommen. Da sagte Abschalom zu seinen Knechten: »Das Feld Joabs liegt neben meinem eigenen. Es wächst Gerste darauf. Geht hin und zündet es an!«

Die Knechte führten den Befehl aus und steckten das Feld in Brand. Darauf kam Joab sofort zu Abschalom ins Haus und fragte ihn: »Warum haben deine Knechte meine Gerste angezündet?«

»Weil du nicht gekommen bist, als ich nach dir schickte«, antwortete Abschalom. »Ich wollte dich bitten, zum König zu gehen und ein Wort für mich einzulegen. Du sollst ihn in meinem Namen fragen: ›Wozu bin ich eigentlich von Geschur zurückgekommen! Ich wäre besser dort geblie-

ben.‹ Sag dem König, dass ich ihn nun endlich sehen
möchte. Wenn er mich für schuldig hält, soll er mich
töten.«

Joab ging zum König und richtete ihm die Botschaft aus.
Da ließ der König Abschalom holen. Der kam und warf sich
vor ihm zu Boden, das Gesicht zur Erde, und der König
küsste ihn.

Einige Zeit später legte sich Abschalom einen Wagen mit
Pferden zu und eine Leibwache von fünfzig Mann. Jeden
Morgen stellte er sich vor dem Stadttor an der Straße auf.
Hier kamen alle Leute vorbei, die in einen Rechtsstreit ver-
wickelt waren, den sie dem König zur Entscheidung vor-
legen wollten. Abschalom sprach jeden von ihnen an und
fragte: »Aus welcher Stadt bist du?«

Wenn der dann antwortete: »Aus dem und dem Stamm
Israels, Herr«, sagte er zu ihm: »Die Argumente, die du vor-
bringst, sind sehr gut; aber am Königshof gibt es niemand,
der dich anhören wird. Wenn nur *ich* in diesem Land
Richter wäre; ich würde jedem, der mit einem Streitfall zu
mir kommt, zu seinem Recht verhelfen.«

Wenn sich dann einer vor ihm niederwerfen wollte, zog er
ihn an sich und küsste ihn. So machte es Abschalom mit
jedem, der beim König Recht suchte. Auf diese Weise stahl
er dem König die Herzen der Männer Israels.

Nach vier Jahren sagte Abschalom zum König: »Ich möchte
nach Hebron gehen, um das Gelübde zu erfüllen, das ich
dem HERRN gegeben habe. Als ich noch in Geschur in
Syrien war, habe ich, dein ergebener Diener, dem HERRN

versprochen: ›Wenn du mich nach Jerusalem zurück-
bringst, will ich dir ein Dankopfer darbringen.‹«

»Geh in Frieden!«, sagte David.

Daraufhin ging Abschalom nach Hebron. Er schickte jedoch heimlich Boten zu allen Stämmen Israels und ließ
bekannt machen: »Wenn ihr das Widderhorn blasen hört,
dann ruft: ›Abschalom ist in Hebron König geworden!‹«

Zweihundert Bürger aus Jerusalem begleiteten Abschalom
nach Hebron; sie waren als Festgäste eingeladen und gingen ahnungslos mit. Von Abschaloms Plan wussten sie
nichts. Als das Opferfest schon begonnen hatte, ließ Abschalom noch Ahitofel, den Berater Davids, aus seinem
Wohnort Gilo holen. So zog die Verschwörung immer weitere Kreise und die Anhänger Abschaloms wurden immer
zahlreicher.

Ein Bote aus Hebron kam zu David und meldete: »Das Herz
der Männer Israels gehört Abschalom!«

Da sagte David zu seinen Gefolgsleuten, die bei ihm in
Jerusalem waren: »Wir müssen fliehen! Es gibt keine
andere Rettung vor Abschalom. Schnell fort, bevor er hier
ist, sonst fallen wir in seine Hand und er richtet in der Stadt
ein Blutbad an.«

»Du bist unser Herr und König«, sagten die Männer, »du
hast zu befehlen. Wir halten zu dir!«

Der König verließ die Stadt; seine Frauen, Kinder und Hofleute begleiteten ihn. Nur zehn Nebenfrauen ließ er zurück, damit sie sich um den Palast kümmerten. Auch alle
Kriegsleute in der Stadt folgten dem König.

Das perfekte Justizverbrechen
Ahab, Isebel und Nabot

Etwa hundert Jahre nach Davids Tod greift ein anderer israelitischer König in einem Nachbarschaftskonflikt erneut zu kriminellen Methoden, um seine persönlichen Interessen durchzusetzen. Israel war mittlerweile in ein Nordreich und ein Südreich zerfallen, in denen jeweils eigene Könige herrschten. Im Norden regierte die Dynastie der Omriden, die Samaria zu ihrer Hauptstadt gemacht hatte, aber auch noch andere königliche Residenzen unterhielt. Zu dieser Dynastie gehört König Ahab, verheiratet mit Isebel aus dem Volk der Phönizier.

Ahab liebäugelt mit dem Weinberg seines Nachbarn Nabot, weil er auf dessen Grundstück einen Gemüsegarten anlegen will. Nabot weigert sich jedoch, ihm diesen zu verkaufen. Er handelt dabei in Übereinstimmung mit dem Gebot Gottes, das den Verkauf des von Gott verliehenen Erbbesitzes verbietet. Ahab ist fast schon bereit, Nabots Weigerung zu schlucken, als seine Frau Isebel eine Intrige spinnt, mit der sie den Weinberg doch noch in königlichen Besitz bringt. Auch in diesem Fall kostet das den Gegenspieler das Leben: Nabot wird bei einer günstigen Gelegenheit der Gotteslästerung und Majestätsbeleidigung angeklagt, worauf die Todesstrafe steht. Da zwei Männer sein Vergehen bezeugen, kann die Hinrichtung ohne weiteres Gerichtsverfahren vollstreckt werden. So wird Nabot Opfer eines von Isebel perfide inszenierten Justizmordes.

Als Ahab sich nach dem Tod Nabots anschickt, dessen Weinberg in Besitz zu nehmen, greift jedoch auch in diesem Fall Gott selber ein. Er hat Ahab längst ertappt und sendet ihm wie einst David einen persönlichen Ermittler, um ihn zur Rede zu stellen. Der Prophet Elija nennt die Verbrechen des gemeinschaftlich begangenen Mordes und Raubes offen beim Namen und verkündet die Strafe Gottes für den König wie für seine Frau. Ahabs aufrichtige Reue vermag die Vollstreckung dieser Strafe zwar teilweise aufzuschieben, letztlich ereilt sie ihn aber ebenso wie seine Söhne. In der Anerkennung der Reue zeigt Gott allerdings, dass es ihm nicht um ein abstraktes Ideal von Gerechtigkeit geht, sondern um den einzelnen Menschen. Deshalb ist es ihm nicht egal, ob jemand sich unbeirrt in Selbstgerechtigkeit übt oder begangenes Unrecht bereut – ein Grundsatz, der auch in unserem heutigen Strafrecht eine Rolle spielt. (1. Könige 21,1-29)

König Ahab von Samaria hatte in der Stadt Jesreel einen Palast. Unmittelbar daneben lag ein Weinberg, der einem Einwohner der Stadt namens Nabot gehörte.

Eines Tages sagte der König zu Nabot: »Überlass mir deinen Weinberg! Er grenzt direkt an meinen Palast und wäre gerade der rechte Platz für einen Gemüsegarten. Ich gebe dir dafür einen besseren, oder wenn es dir lieber ist, bezahle ich ihn dir in gutem Geld.«

Aber Nabot erwiderte: »Der HERR bewahre mich davor, dass ich dir den Erbbesitz meiner Vorfahren gebe!«

89

Der König war verstimmt und zornig, weil Nabot ihm eine solche Antwort gegeben hatte. Er ging in den Palast, legte sich auf sein Bett und drehte sich zur Wand; er rührte keinen Bissen an. Seine Frau Isebel ging zu ihm hinein und fragte: »Warum bist du so verstimmt? Warum isst du nichts?«

Ahab antwortete: »Mehr als einmal habe ich Nabot aus Jesreel zugeredet und gesagt: ›Gib mir deinen Weinberg! Ich bezahle ihn dir, oder wenn es dir lieber ist, gebe ich dir einen andern dafür.‹ Aber er bleibt dabei: ›Meinen Weinberg bekommst du nicht!‹«

Da sagte seine Frau Isebel zu ihm: »Bist nicht *du* der König im Land? Steh auf, sei wieder vergnügt und lass es dir schmecken! Ich werde dir Nabots Weinberg schon verschaffen.«

Sie schrieb im Namen Ahabs an die Ältesten und die einflussreichen Männer in Jesreel, Nabots Mitbürger, und versah die Briefe mit dem königlichen Siegel. Die Briefe lauteten:

»Ruft einen Bußtag aus! Lasst die Bewohner der Stadt zusammenkommen und gebt Nabot einen der vordersten Plätze. Setzt ihm zwei gewissenlose Männer gegenüber, die als Zeugen gegen ihn auftreten und sagen: ›Du hast Gott und dem König geflucht!‹ Dann führt ihn vor die Stadt hinaus und steinigt ihn.«

Die Ältesten der Stadt und die einflussreichen Männer, Nabots Mitbürger, machten alles genau so, wie Isebel es in **90** ihren Briefen verlangt hatte. Sie riefen die Bürger der Stadt zu einer Bußfeier zusammen und ließen Nabot ganz vorne sitzen. Ihm gegenüber saßen die beiden Schurken. Sie standen als Zeugen gegen Nabot auf und erklärten: »Nabot hat Gott und dem König geflucht!«

Nabot wurde vor die Stadt hinausgeführt und gesteinigt. Dann ließen die Ältesten der Stadt Isebel melden: »Nabot ist tot, man hat ihn gesteinigt.«

Als Isebel die Nachricht erhielt, sagte sie zu Ahab: »Auf, nimm den Weinberg in Besitz! Dieser Nabot aus Jesreel, der sich geweigert hat, ihn dir zu verkaufen – er lebt nicht mehr, er ist tot!«

Als Ahab hörte, dass Nabot tot war, ging er sofort hinunter, um Nabots Weinberg in Besitz zu nehmen.

Da erging das Wort des HERRN an den Propheten Elija aus Tischbe. Der HERR sagte zu ihm: »Auf, geh zu Ahab, dem König von Israel, der in Samaria regiert! Er ist gerade in den Weinberg Nabots hinuntergegangen, um ihn in Besitz zu nehmen. Sage zu ihm: ›Erst mordest du und dann raubst du! So spricht der HERR: Wo die Hunde das Blut Nabots aufgeleckt haben, dort werden sie auch dein Blut auflecken.‹«

Als Ahab den Propheten kommen sah, rief er ihm entgegen: »Hast du mich gefunden, mein Feind?«

Elija erwiderte: »Ja, ich habe dich ertappt! Du hast dich dazu anstiften lassen, zu tun, was dem HERRN missfällt. Darum lässt er dir sagen: ›Ich werde dich und deine Familie ins Unglück stürzen. Du selbst musst sterben, und alle deine männlichen Nachkommen werde ich ausrotten, die mündigen wie die unmündigen. Weil du meinen Zorn herausgefordert und die Leute im Reich Israel zum Götzendienst verleitet hast, werde ich deiner Familie das gleiche Schicksal bereiten wie den Familien von Jerobeam und von Bascha.‹ Der Königin Isebel aber lässt der HERR sagen: An der Stadtmauer von Jesreel werden die Hunde ihren Leichnam fressen. Wer von deiner Familie in der Stadt stirbt, den fressen die Hunde, und wer auf dem freien Feld stirbt, den fressen die Geier.«

In der Tat gab es keinen, der so bereitwillig wie Ahab tat, was dem HERRN missfällt. Seine Frau Isebel hatte ihn dazu verleitet. Seine schlimmste Sünde war, dass er die Götzen verehrte, genau wie die Amoriter, die der HERR vor den Israeliten aus dem Land vertrieben hatte.

Als Elija zu Ende gesprochen hatte, zerriss Ahab vor Entsetzen sein Gewand. Er zog den Sack an, trug ihn auf der bloßen Haut und legte ihn selbst zum Schlafen nicht ab. Bedrückt ging er umher und wollte kein Essen anrühren. Da erging das Wort des HERRN an den Propheten Elija, er sagte: »Hast du bemerkt, dass Ahab sich vor mir gebeugt hat? Weil er das getan hat, lasse ich das Unheil noch nicht zu seinen Lebzeiten über seine Familie hereinbrechen, sondern erst wenn sein Sohn König ist.«

Kleinkriminalität
mit großen Folgen

Kaufhausdiebe und Handtaschenräuber? In der Bibel kommen sie nicht vor. Dennoch erzählt auch sie nicht nur von den Verbrechen der Mächtigen und Prominenten, sondern auch von den ganz alltäglichen kleinen Untaten, die jeder aus seinem eigenen Umfeld kennt: Diebstahl, Betrug, Unterschlagung, Amtsmissbrauch ... In diesen Kriminalgeschichten zeigt sich die Verführbarkeit des Menschen, der für einen kleinen persönlichen Vorteil unüberschaubare Folgen für sich und andere in Kauf nimmt. Manchmal geht es dabei so raffiniert zu, dass die Aufklärung nur mit göttlichem Beistand gelingen kann; manchmal wird auf Strafverfolgung ganz verzichtet, weil sie offensichtlich keine Aussicht auf Erfolg hätte. Nie werden die Geschichten jedoch nur erzählt, um einzelne Täter an den Pranger zu stellen. Vielmehr hat jeder dieser kleinen Krimis einen tieferen Sinn, durch den der beschriebene Fall zum Modellfall für das Verhältnis von Gott und Mensch oder von Mensch zu Mensch wird.

Der erste Mundraub der Weltgeschichte
Adam und Eva

Mundraub – also Diebstahl von Lebensmitteln zum unmittelbaren Verzehr – stellt die Bibel ausdrücklich nicht unter Strafe. So lange nicht auf Vorrat gestohlen wird, bleibt der Täter ungeschoren (vgl. Deuteronomium/5. Mose 23,25-26). Dennoch gibt es in der Bibel einen Mundraub, der ganz erhebliche Ermittlungen nach sich zieht. Mit ihm beginnt die erste Kriminalgeschichte dieses Buches, deren Folgen in der ganzen Menschheitsgeschichte spürbar sind: die Geschichte vom Verlust des Paradieses.

Strafwürdig ist das Vergehen von Adam und Eva allerdings nicht, weil sie sich fremden Besitz aneignen, sondern weil sie gegen ein Verbot Gottes verstoßen – das Verbot, vom Baum in der Mitte des Gartens zu essen. Kaum dass es geschehen ist, empfinden sie Scham und verstecken sich. In der Rolle des Ermittelnden tritt Gott selber auf, der die Täter zunächst aufspürt und sie dann einem schonungslosen Verhör unterzieht. Unter dem Druck der Fragen äußert Adam sich so unvorsichtig, dass Gott sofort seine Schlüsse ziehen kann. Als Adam erkennt, dass Leugnen keinen Sinn hat, verlegt er sich darauf, Eva die Schuld zuzuschieben. Diese redet sich ihrerseits auf die Verführung durch die Schlange heraus. Letztlich trifft die Strafe alle drei, wobei jedem seine

94 eigene Mühsal zuteil wird.

Dass Gott Adam und Eva trotz ihres Vergehens seine Zuwendung nicht entzieht, zeigt sich am Ende daran, dass er sie sogar selbst mit Kleidern ausstattet. Auch der Rauswurf aus dem Paradies geschieht nicht als Strafe für den Fehltritt, sondern präventiv, um noch schlimmere Vergehen zu verhindern. Somit ist die Geschichte vom Sündenfall nicht nur ein kleiner Krimi mit Gott in der Rolle des Detektivs, sondern auch die Geschichte einer Liebe, die Vergehen zwar nicht ignoriert, aber auch nicht daran zerbricht. (1. Mose / Genesis 3,1-24)

D ie Schlange war das klügste von allen Tieren des Feldes, die Gott, der HERR, gemacht hatte. Sie fragte die Frau: »Hat Gott wirklich gesagt: ›Ihr dürft die Früchte von den Bäumen im Garten nicht essen‹?«

»Natürlich dürfen wir sie essen«, erwiderte die Frau, »nur nicht die Früchte von dem Baum in der Mitte des Gartens. Gott hat gesagt: ›Esst nicht davon, berührt sie nicht, sonst müsst ihr sterben!‹«

»Nein, nein«, sagte die Schlange, »ihr werdet bestimmt nicht sterben! Aber Gott weiß: Sobald ihr davon esst, werden euch die Augen aufgehen; ihr werdet wie Gott sein und wissen, was gut und was schlecht ist. Dann werdet ihr euer Leben selbst in die Hand nehmen können.«

Die Frau sah den Baum an: Seine Früchte mussten köstlich schmecken, sie anzusehen war eine Augenweide und es war verlockend, dass man davon klug werden sollte!

Sie nahm von den Früchten und aß. Dann gab sie auch ihrem Mann davon und er aß ebenso. Da gingen den beiden die Augen auf und sie merkten, dass sie nackt waren. Deshalb flochten sie Feigenblätter zusammen und machten sich Lendenschurze.

Am Abend, als es kühler wurde, hörten sie, wie Gott, der HERR, durch den Garten ging. Da versteckten sich der Mensch und seine Frau vor Gott zwischen den Bäumen. Aber Gott rief nach dem Menschen: »Wo bist du?«

Der antwortete: »Ich hörte dich kommen und bekam Angst, weil ich nackt bin. Da habe ich mich versteckt!«

»Wer hat dir gesagt, dass du nackt bist?«, fragte Gott. »Hast du etwa von den verbotenen Früchten gegessen?«

Der Mensch erwiderte: »Die Frau, die du mir an die Seite gestellt hast, gab mir davon; da habe ich gegessen.«

Gott, der HERR, sagte zur Frau: »Was hast du da getan?«

Sie antwortete: »Die Schlange ist schuld, sie hat mich zum Essen verführt!«

Da sagte Gott, der HERR, zu der Schlange: »Verflucht sollst du sein wegen dieser Tat! Auf dem Bauch wirst du kriechen und Staub fressen dein Leben lang – du allein von allen Tieren. Und Feindschaft soll herrschen zwischen dir und der Frau, zwischen deinen Nachkommen und den ihren. Sie werden euch den Kopf zertreten, und ihr werdet sie in die Ferse beißen.«

Zur Frau aber sagte Gott: »Ich verhänge über dich, dass du Mühsal und Beschwerden hast, jedes Mal wenn du schwanger bist; und unter Schmerzen bringst du Kinder zur Welt. Es wird dich zu deinem Mann hinziehen, aber er wird über dich herrschen.«

Und zum Mann sagte Gott: »Weil du auf deine Frau gehört und mein Verbot übertreten hast, gilt von nun an: Deinetwegen ist der Acker verflucht. Mit Mühsal wirst du dich davon ernähren, dein Leben lang. Dornen und Disteln werden dort wachsen, und du wirst die Pflanzen des Feldes essen. Viel Schweiß musst du vergießen, um dein tägliches Brot zu bekommen, bis du zurückkehrst zur Erde, von der du genommen bist. Ja, Staub bist du, und zu Staub musst du wieder werden!«

Der Mensch nannte seine Frau Eva, denn sie sollte die Mutter aller Menschen werden.

Und Gott, der HERR, machte für den Menschen und seine Frau Kleider aus Fellen. Dann sagte Gott: »Nun ist der Mensch wie einer von uns geworden und weiß, was gut und was schlecht ist. Es darf nicht sein, dass er auch noch vom Baum des Lebens isst. Sonst wird er ewig leben!«

Und er schickte den Menschen aus dem Garten Eden weg, damit er den Ackerboden bearbeite, aus dem er gemacht war. So trieb Gott, der HERR, die Menschen hinaus und stellte östlich von Eden die Keruben und das flammende Schwert als Wächter auf. Niemand sollte zum Baum des Lebens gelangen können.

Diebstahl an Gottes Eigentum
Achan und Josua

Geklaut wurde auch schon in biblischen Zeiten. Nicht umsonst enthalten die fünf Mosebücher, die jüdische Tora, detaillierte Regelungen, wie die Rechtslage in verschiedenen Fällen von Diebstahl aussieht. Dort wird zum Beispiel geregelt, welchen Ersatz ein Dieb für das Gestohlene leisten muss, was geschieht, falls er dazu nicht in der Lage ist oder falls er auf frischer Tat ertappt und getötet wird.

Das Richterbuch erzählt an einer Stelle, wie ein Mann namens Micha seine eigene Mutter um 1100 Silberstücke bestiehlt. Als die Mutter den Dieb daraufhin unbekannterweise verflucht, gibt er das Geld ganz schnell wieder zurück (Richter 17,1-3). So einfach dürfte die Wiederbeschaffung freilich in den wenigsten Fällen gewesen sein.

Schlimmer geht ein Diebstahl aus, der im Josuabuch festgehalten ist. Dort schafft der Israelit Achan einen Teil der Beute beiseite, die die Israeliten bei der Eroberung der kanaanitischen Stadt Jericho gemacht haben. Er verstößt damit gegen ein Gebot, nach dem alle Beute des Kriegszuges unter den Bann gestellt, das heißt vernichtet werden soll. Weil nach israelitischem Verständnis die Beute allein Gott gehört, muss sie dem menschlichen Zugriff entzogen werden. Dadurch wurde nicht zuletzt verhindert, dass Krieg als Plünderungsfeldzug zur eigenen Bereicherung geführt werden konnte.

Als Achan gegen dieses Gebot verstößt, bekommt das ganze Volk die Konsequenzen zu spüren: die militärischen Erfolge bleiben aus. Josua, der Anführer der Israeliten, begibt sich mithilfe eines von Gott selbst empfohlenen systematischen Ermittlungsverfahrens – eine Art Vorläufer der heutigen Rasterfahndung – auf die Suche nach dem Schuldigen. Umgehend wird Achan entlarvt und muss seine Tat gestehen. Mit ihr hat er nicht nur ein einzelnes Gebot übertreten, sondern zugleich den Vertrag zwischen Gott und den Israeliten gebrochen. Die Strafe, die ihn und seine Familie trifft, ist schrecklich. (Josua 7,1-26)

Der HERR hatte den Israeliten befohlen, die Stadt und alles darin unter den Bann zu stellen und sich nichts davon anzueignen. Diese Anweisung wurde von den Israeliten nicht streng befolgt. Ein Mann namens Achan nahm etwas von den verbotenen Dingen. Er war der Sohn von Karmi und Enkel von Sabdi und gehörte zur Sippe Serach, die zum Stamm Juda zählte. Da wurde der HERR zornig und ließ es die Israeliten spüren.

Josua hatte einige Männer von Jericho nach Ai geschickt, einer Stadt östlich von Bet-El in der Nähe von Bet-Awen. Er hatte ihnen befohlen, die Umgebung von Ai zu erkunden. Die Männer führten den Befehl aus, kehrten zu Josua zurück und meldeten: »Es ist keine große Stadt. Du brauchst nicht alle Kriegsleute aufzubieten; zwei- bis dreitausend werden genügen, um Ai einzunehmen.«

So griffen etwa 3000 Israeliten die Stadt an, aber sie wurden zurückgeschlagen. Die Männer von Ai verfolgten sie vom Stadttor bis zu der Stelle, wo die Felsen steil abfallen, und töteten dort am Abstieg 36 von den Angreifern. Da verlor das Volk allen Mut.

Josua und die Ältesten Israels waren so erschüttert, dass sie ihre Kleider zerrissen, Erde auf den Kopf streuten und sich vor der Bundeslade des Herrn zu Boden warfen. So lagen sie bis zum Abend. Josua betete: »Ach Herr, du mächtiger Gott! Warum hast du uns über den Jordan gebracht? Nur um uns in die Hände der Amoriter fallen zu lassen und uns zu vernichten? Wären wir doch auf der anderen Seite des Jordans geblieben! Was soll ich dazu sagen, Herr, dass die Männer Israels vor ihren Feinden geflohen sind? Wenn die Kanaaniter und die übrigen Bewohner des Landes davon hören, werden sie alle kommen und uns aus dem Land treiben. Was willst du dann noch tun, um die Ehre deines großen Namens zu retten?«

Der Herr antwortete Josua: »Steh auf! Warum liegst du auf dem Boden? Die Israeliten haben Schuld auf sich geladen, sie haben den Bund gebrochen, den ich mit ihnen geschlossen habe. Sie haben heimlich etwas von den Dingen, die vernichtet werden sollten, weggenommen und sich angeeignet. Das ist der Grund, weshalb sie ihren Feinden nicht standhalten können. Sie müssen vor ihnen fliehen, weil sie jetzt selbst unter dem Bann stehen und dem Untergang preisgegeben sind. Ich werde euch nicht mehr beistehen, wenn ihr nicht alles vernichtet, was ihr gegen mein Verbot weggenommen habt. Steh auf und bereite das Volk auf die Begegnung mit mir vor! Befiehl ihnen, dass sie sich reinigen, damit sie morgen vor mich treten können. Sag zu ihnen: ›So spricht der HERR, der Gott Israels: Ihr habt Dinge bei euch, die unter dem Bann stehen. Israel wird seinen Feinden nicht mehr standhalten können, solange ihr euch nicht davon trennt.‹ Sie sollen morgen früh nach Stämmen geordnet antreten. Der Stamm, auf den ich das Los fallen lasse, soll nach Sippen geordnet vortreten. Dann wird aus dem Stamm eine Sippe und aus der Sippe eine Familie ausgelost. Wen dann von den Männern dieser Familie das Los trifft, der ist es; er hat sich an den verbotenen Dingen vergriffen und muss verbrannt werden, er und alles, was ihm gehört. Er hat etwas getan, was in Israel eine Schandtat ist, und hat dadurch den Bund mit dem HERRN gebrochen.«

Am nächsten Morgen ließ Josua alle Männer Israels nach Stämmen geordnet antreten und das Los traf den Stamm Juda. Als der Stamm Juda mit seinen Sippen vortrat, traf es die Sippe Serach und aus der Sippe Serach die Familie Sabdi. Unter den Männern der Familie Sabdi traf das Los Achan, den Sohn von Karmi und Enkel von Sabdi. Josua sagte zu ihm: »Mein Sohn, gib dem HERRN, dem Gott Israels, die Ehre und bekenne vor ihm deine Schuld! Sag mir offen, was du getan hast, und verbirg mir nichts!«

»Ja«, antwortete Achan, »ich war es, der sich gegen den HERRN, den Gott Israels, vergangen hat. Ich sah unter den Beutestücken einen wertvollen babylonischen Mantel, 200 Silberstücke und einen Goldbarren, der gut ein halbes Kilo **101** wiegt. Ich konnte nicht widerstehen und nahm es mir. Du wirst es alles in meinem Zelt vergraben finden; das Silber liegt zuunterst.«

Josua schickte einige Männer zu Achans Zelt, und sie fanden alles, wie er es beschrieben hatte. Sie brachten die Beutestücke zu Josua und allen Israeliten und legten sie vor der Bundeslade des HERRN nieder.

Josua und das ganze Volk brachten Achan und die Beutestücke und dazu seine Söhne und Töchter, seine Rinder, Esel, Schafe und Ziegen, sein Zelt und alles, was ihm sonst noch gehörte, in das Achor-Tal. Josua sagte: »Du hast uns ins Unglück gestürzt. Dafür stürzt der HERR auch dich jetzt ins Unglück.«

Alle Israeliten steinigten Achan und seine Angehörigen und verbrannten sie. Dann errichteten sie über ihnen einen großen Steinhaufen, der bis heute zu sehen ist. Da ließ der HERR von seinem Zorn ab. Wegen dieses Vorfalls heißt das Tal bis heute Achor-Tal (Unglückstal).

Betrug aus Habgier
Gehasi und Elischa

Einen besonders hinterlistigen Fall von Betrug schildert das 2. Königsbuch, an dessen Anfang die Erzählungen über den Propheten Elischa zusammengestellt sind. Elischa ist der Nachfolger des Propheten Elija (vgl. die Kriminalgeschichte um Ahab, Isebel und Nabot). Er lebte zwischen 850 und 800 v. Chr. im Nordreich Israel, wirkte dort als Berater des Königs und erregte durch einige Wundertaten besonderes Aufsehen.

Eines dieser Wunder ist die Heilung des syrischen Heerführers Naaman vom Aussatz, was damals eine Sammelbezeichnung für verschiedene Hautkrankheiten wie z. B. Lepra war. Diese galten als etwas Unheimliches und wurden dämonischer Einwirkung zugeschrieben. Deshalb versprach man sich von der Begegnung mit einem Propheten, einem Gottesmann, die Chance der Heilung. Auffallend ist, dass Elischa diese Heilung auch einem syrischen Feldherrn, also dem Heerführer der größten feindlichen Macht gewährt. Er gewinnt auf diese Weise einen Anhänger des Gottes Israels außerhalb des eigenen Volkes.

Zur Kriminalgeschichte wird die Heilungserzählung durch den anschließenden Betrug von Elischas Diener Gehasi. Dieser nutzt die Situation zur persönlichen Bereicherung und hintergeht dabei nicht nur den syrischen Soldaten, sondern auch seinen eigenen Herrn. Doch Elischa wäre kein Prophet, wenn er seinem Diener nicht auf die Schliche käme. Nach einem kurzen Verhör wird der Täter überführt und es ereilt ihn die nach damaligem Verständnis gerechte Strafe. (2. Könige 5,1-27)

Naaman, der Heerführer des Königs von Syrien, war an Aussatz erkrankt. Er war ein tapferer Soldat und der König hielt große Stücke auf ihn, weil der HERR durch ihn den Syrern zum Sieg verholfen hatte. In seinem Haus befand sich ein junges Mädchen, das von syrischen Kriegsleuten bei einem Streifzug aus Israel geraubt worden war. Sie war Dienerin bei seiner Frau geworden.

Einmal sagte sie zu ihrer Herrin: »Wenn mein Herr doch zu dem Propheten gehen könnte, der in Samaria lebt! Der würde ihn von seiner Krankheit heilen.«

Naaman ging zum König und berichtete ihm, was das Mädchen gesagt hatte.

»Geh doch hin«, antwortete der König, »ich werde dir einen Brief an den König von Israel mitgeben.«

Naaman machte sich auf den Weg. Er nahm 7 Zentner Silber, eineinhalb Zentner Gold und zehn Festgewänder mit. Er überreichte dem König von Israel den Brief, in dem es hieß: »Ich bitte dich, meinen Diener Naaman freundlich aufzunehmen und von seinem Aussatz zu heilen.«

Als der König den Brief gelesen hatte, zerriss er sein Gewand und rief: »Ich bin doch nicht Gott! Er allein hat Macht über Tod und Leben! Der König von Syrien verlangt von mir, dass ich einen Menschen von seinem Aussatz heile. Da sieht doch jeder: Er sucht nur einen Vorwand, um Krieg anzufangen!«

Als Elischa, der Mann Gottes, davon hörte, ließ er dem **104** König sagen: »Warum hast du dein Gewand zerrissen?

Schick den Mann zu mir! Dann wird er erfahren, dass es in Israel einen Propheten gibt!«

Naaman fuhr mit all seinen pferdebespannten Wagen hin und hielt vor Elischas Haus. Der Prophet schickte einen Boten hinaus und ließ ihm sagen: »Fahre an den Jordan und tauche siebenmal darin unter! Dann bist du von deinem Aussatz geheilt.«

Naaman war empört und sagte: »Ich hatte gedacht, er würde zu mir herauskommen und sich vor mich hinstellen, und dann würde er den HERRN, seinen Gott, beim Namen rufen und dabei seine Hand über der kranken Stelle hin- und herbewegen und mich so von meinem Aussatz heilen. Ist das Wasser des Abana und des Parpar, der Flüsse von Damaskus, nicht besser als alle Gewässer Israels? Dann hätte ich ja auch in ihnen baden können, um geheilt zu werden!«

Voll Zorn wollte er nach Hause zurückfahren. Aber seine Diener redeten ihm zu und sagten: »Herr, bedenke doch: Wenn der Prophet etwas Schwieriges von dir verlangt hätte, hättest du es bestimmt getan. Aber nun hat er nur gesagt: ›Bade dich und du wirst gesund!‹ Solltest du es da nicht erst recht tun?«

Naaman ließ sich umstimmen, fuhr zum Jordan hinab und tauchte siebenmal in seinem Wasser unter, wie der Mann Gottes es befohlen hatte. Da wurde er völlig gesund und seine Haut wurde wieder so rein wie die eines Kindes.

Mit seinem ganzen Gefolge kehrte er zu Elischa zurück, trat vor ihn und sagte: »Jetzt weiß ich, dass der Gott Israels **105** der einzige Gott ist auf der ganzen Erde. Nimm darum von mir ein kleines Dankgeschenk an!«

Aber Elischa erwiderte: »So gewiss der HERR lebt, dem ich diene: Ich nehme nichts an.«

So sehr Naaman ihm auch zuredete, Elischa blieb bei seiner Ablehnung. Schließlich sagte Naaman: »Wenn du schon mein Geschenk nicht annimmst, dann lass mich wenigstens so viel Erde von hier mitnehmen, wie zwei Maultiere tragen können. Denn ich will in Zukunft keinem anderen Gott mehr Brand- oder Mahlopfer darbringen, nur noch dem HERRN. In einem Punkt jedoch möge der HERR Nachsicht mit mir haben: Wenn mein König zum Tempel seines Gottes Rimmon geht, um zu beten, muss ich ihn mit dem Arm stützen und mich zugleich mit ihm niederwerfen – der HERR möge es mir verzeihen!«

Elischa sagte: »Kehre heim in Frieden!«

Als Naaman schon ein Stück weit entfernt war, sagte sich Gehasi, der Diener Elischas: »Mein Herr lässt diesen reichen Syrer mit der ganzen Last seiner Geschenke wieder abziehen. Er hätte ihm ruhig etwas davon abnehmen können. So gewiss der HERR lebt: Ich laufe hinterher und hole das nach!«

Gehasi lief, so schnell er konnte. Als Naaman ihn herankommen sah, stieg er von seinem Wagen, ging ihm entgegen und fragte: »Es ist doch nichts passiert?«

»Nein«, sagte Gehasi, »aber mein Herr lässt dir sagen: ›Eben sind aus dem Bergland Efraïm zwei junge Leute von der dortigen Prophetengemeinschaft zu mir gekommen. Gib mir doch einen Zentner Silber und zwei Festgewänder für sie!«

»Ich bitte dich, nimm zwei Zentner«, sagte Naaman und drängte es ihm sogar auf. Er ließ das Silber in zwei Säcke verpacken, legte die beiden Festgewänder darauf und schickte zwei seiner Leute mit, die das Geschenk vor Gehasi hertragen sollten. Beim Hügel vor der Stadt schickte Gehasi die beiden Männer zurück und brachte die Geschenke heimlich in Elischas Haus.

Als er zu seinem Herrn kam, fragte ihn der: »Woher kommst du, Gehasi?«

»Ich war doch nicht weg«, sagte der Diener.

Aber Elischa entgegnete ihm: »Ich war im Geist dabei, als der Mann von seinem Wagen stieg und dir entgegenging! Dies ist nicht der Augenblick, Geld und Festkleider anzunehmen und sich dafür Olivenhaine und Weingärten, Schafe und Rinder, Sklaven und Sklavinnen zuzulegen. Der Aussatz Naamans wird dich und alle deine Nachkommen befallen und ihr werdet ihn nie wieder loswerden!«

Als Gehasi von Elischa wegging, war seine Haut vom Aussatz so weiß wie Schnee.

Unterschlagung und Betriebsschädigung
Ein reicher Mann und sein Verwalter

Um den Menschen seiner Umgebung seine Botschaft auf anschauliche und zugleich einprägsame Weise nahe zu bringen, erzählte Jesus oft kleine Geschichten. In ihnen setzte er das, was er sagen wollte, bildhaft in Szene. Unter diesen Gleichnissen und Beispielerzählungen finden sich auch einige Kriminalgeschichten. So erzählt Jesus zum Beispiel vom Fall eines untreuen Verwalters, der bei Unterschlagungen ertappt wird. Dass es ihm durch einen raffinierten Trick bei seinen letzten Amtshandlungen noch gelingt, sich auf Kosten seines Arbeitgebers Freunde unter dessen Schuldnern zu machen und damit seine eigene Zukunft zu sichern, bringt ihm sogar ein Lob Jesu für seine Schlauheit ein. Damit wird deutlich, dass Jesus solche Kriminalgeschichten nicht erzählt, um seine Zuhörerinnen und Zuhörer zu Recht und Ordnung zu erziehen, sondern um sie auf den Anbruch der mit ihm kommenden neuen Welt Gottes vorzubereiten. So wie der untreue Verwalter noch in letzter Minute für die Zukunft vorsorgt, so sollen auch die Hörerinnen und Hörer der Geschichte nicht zuletzt bei ihrem Umgang mit dem Geld Gottes kommendes Reich im Blick haben. (Lukas 16,1-9)

Dann wandte sich Jesus seinen Jüngern zu, den Männern und Frauen, und erzählte ihnen folgende Geschichte:

»Ein reicher Mann hatte einen Verwalter, der ihn betrog. Als sein Herr davon erfuhr, ließ er ihn rufen und stellte ihn zur Rede: ›Was muss ich von dir hören? Leg die Abrechnung vor, du kannst nicht länger mein Verwalter sein!‹

Da sagte sich der Mann: ›Was soll ich machen, wenn mein Herr mir die Stelle wegnimmt? Für schwere Arbeiten bin ich zu schwach, und zu betteln schäme ich mich. Ich weiß, was ich tun werde: Ich muss mir Freunde verschaffen, die mich in ihre Häuser aufnehmen, wenn ich hier entlassen werde.‹

So rief er nacheinander alle zu sich, die bei seinem Herrn Schulden hatten. Er fragte den Ersten: ›Wie viel schuldest du meinem Herrn?‹

›Hundert Fässer Olivenöl‹, war die Antwort.

›Hier ist dein Schuldschein‹, sagte der Verwalter; ›setz dich hin und schreib fünfzig!‹

Einen anderen fragte er: ›Wie steht es bei dir, wie viel Schulden hast du?‹

›Hundert Sack Weizen‹, war die Antwort.

›Hier ist dein Schuldschein, schreib achtzig!‹«

Jesus, der Herr, lobte den betrügerischen Verwalter wegen seines klugen Vorgehens. Denn in der Tat: Die Menschen dieser Welt sind, wenn es ums Überleben geht, viel klüger als die Menschen des Lichtes.

»Ich sage euch«, forderte Jesus seine Jünger auf, »nutzt das leidige Geld dazu, durch Wohltaten Freunde zu gewinnen. Wenn es mit euch und eurem Geld zu Ende geht, werden **109**

sie euch in der neuen Welt Gottes in ihre Wohnungen aufnehmen.«

Sabotageakt im Weizenfeld
Ein Gutsherr und sein geheimnisvoller Widersacher

In einem anderen Gleichnis Jesu kann ein reicher Gutsherr die Schädigung durch seine eigenen Diener gerade
noch verhindern. Jesus erzählt, dass dieser Gutsherr
Opfer eines Sabotageaktes durch einen persönlichen
Feind wurde. Dieser säte zwischen den Weizen auf seinem Feld offensichtlich den Taumellolch, eine Unkraut-
pflanze, die vom Weizen erst zu unterscheiden ist, wenn
sie ihre schwarzen Früchte ansetzt. Als es so weit ist und
der Täter natürlich längst alle Spuren verwischt hat, stehen die Diener des Gutsbesitzers vor einem Rätsel. Der
Hausherr hingegen zieht wie ein guter Detektiv rasch und
nüchtern seine Schlüsse, ohne jedoch einen konkreten
Verdächtigen auszumachen. Deshalb schreitet er im Weiteren auch nicht zur Verfolgung des Täters, dem ja ohnehin nichts mehr nachzuweisen wäre, sondern bemüht
sich um Schadensbegrenzung. Er fällt seinen Dienern, die
ohne Durchblick, aber mit Übereifer sofort das Unkraut
ausreißen wollen, in den Arm und trifft eine Entscheidung
mit Weitblick.

Auch in diesem Krimi-Gleichnis geht es Jesus nicht um
moralische Belehrung, sondern um die Frage, welches

Verhalten in der Zeit bis zum Kommen von Gottes neuer Welt angemessen ist. Dass diese Welt kommt, steht ebenso wie das Wachsen der guten Saat im Gleichnis außer Frage. Die Knechte wollen alles, was dem entgegensteht, übereifrig und gewaltsam aus dem Weg räumen. Sie sind aber kaum in der Lage, selbst zwischen Unkraut und Weizen zuverlässig zu unterscheiden.

Der weise Hausherr hingegen lässt auch dem Unkraut seine Zeit, führt die ganze Sache aber schließlich zu einem guten Ziel. Indem das Unkraut am Ende verbrannt wird, erfüllt es vor dem Hintergrund des damaligen Mangels an Brennmaterial sogar noch einen guten Zweck. Ebenso wird nach der Botschaft des Gleichnisses auch Gott seine neue Welt gegen alle Widerstände zuverlässig vollenden, ohne dass die Menschen dem als selbst ernannte Ausmerzer des Bösen vorgreifen könnten oder sollten. (Matthäus 13,24-30)

D ann erzählte Jesus der Volksmenge ein anderes Gleichnis:

»Mit der neuen Welt Gottes ist es wie mit dem Mann, der guten Samen auf seinen Acker gesät hatte: Eines Nachts, als alles schlief, kam sein Feind, säte Unkraut zwischen den Weizen und verschwand. Als nun der Weizen wuchs und Ähren ansetzte, schoss auch das Unkraut auf.

Da kamen die Arbeiter zum Gutsherrn und fragten: ›Herr, du hast doch guten Samen auf deinen Acker gesät, woher kommt das ganze Unkraut?‹

111

Der Gutsherr antwortete ihnen: ›Das hat einer getan, der mir schaden will.‹

Die Arbeiter fragten: ›Sollen wir hingehen und das Unkraut ausreißen?‹

›Nein‹, sagte der Gutsherr, ›wenn ihr es ausreißt, könntet ihr zugleich den Weizen mit ausreißen. Lasst beides wachsen bis zur Ernte! Wenn es so weit ist, will ich den Erntearbeitern sagen: Sammelt zuerst das Unkraut ein und bündelt es, damit es verbrannt wird. Aber den Weizen schafft in meine Scheune.‹«

Skrupellose Anschläge,
schutzlose Opfer

An einigen Stellen der Bibel paart sich das Verbrechen mit der direkten Ausübung körperlicher Gewalt. Selten handelt es sich dabei um Einzeltäter, meist sind es mehrere, die sich zusammentun, um über ein einzelnes Opfer herzufallen. Leitend sind dabei teils räuberische, teils ideologische, teils sexuelle Motive. Betroffen sind im letzten Fall vor allem Frauen. Sie hatten es wegen ihrer gesellschaftlichen Stellung besonders schwer, sich gegen ihnen zugefügtes Unrecht zur Wehr zu setzen. Deshalb drohten sie nicht nur im Zuge der Tat, sondern selbst noch im Verlauf des Ermittlungsverfahrens zu Opfern männlicher Interessen und Intrigen zu werden.

Unter den Ausführenden der Anschläge ist hingegen so gut wie nie eine Frau. Schon damals waren Gewaltverbrechen eine Domäne der Männer.

Vergewaltigung mit grausamer Rache
Dina und Sichem

So bekannt die zwölf Söhne von Jakob sind, auf die die zwölf Stämme des Volkes Israel zurückgeführt werden, so unbekannt ist die Tatsache, dass der Ahnherr Israels mit seiner Frau Lea auch eine Tochter hatte. Dieser Tochter Dina ist im ersten Buch der Bibel eine eigene Erzählung gewidmet, die eine doppelte Kriminalgeschichte ist.

Jakob schlägt nach der Trennung von seinem Onkel Laban in der Nähe der kanaanäischen Stadt Sichem seine Zelte auf. Die biblische Erzählung betont, dass er mit dem Gründer und Fürsten der Stadt eine nachbarschaftliche Beziehung anstrebt, indem er ihm den Lagerplatz für 100 Silberstücke abkauft. Eines Tages jedoch wird Dina außerhalb des Lagers von Sichem, dem Sohn des Stadtgründers, vergewaltigt. Durch dieses Verbrechen gilt nicht nur die Ehre der Jungfrau Dina, sondern auch die der ganzen Sippe als befleckt. Obwohl sich der Täter stellt und Dina aus echter Zuneigung heiraten will, sinnen die Söhne Jakobs auf eine Möglichkeit, die »Schandtat« an ihrer Schwester zu rächen. Die List, die sie sich dazu ausdenken, ist von einer besonderen Hinterhältigkeit. Sie hintergeht zum einen das Wiedergutmachungsangebot des Täters und missbraucht zum anderen das Bundeszeichen zwischen Gott und seinem Volk, die Beschneidung. Es geht den Brüdern also nicht um die Wiederherstellung von Recht, sondern um bloße Rache. Skrupellos nutzen sie die Bringschuld des Täters aus, ohne überhaupt das Ziel des Ausgleichs und der Versöhnung im Blick zu haben. Weil im Zuge der Tatverfolgung nicht das Verbrechen, sondern allein der Verbrecher bekämpft wird, eskaliert die Gewalt schließlich bis zum Gemetzel.

Die grausame Rache der Brüder findet die Missbilligung Jakobs, der dadurch sein Verhältnis zur Bevölkerung des Landes dauerhaft beschädigt sieht. Wie Dina als persönlich Betroffene die Sache gesehen hat, wird im Bibeltext nicht gesagt – auch hier dominiert eine männliche Perspektive. Das letzte Urteil über die als Rädelsführer genannten Brüder Simeon und Levi fällt nach den Worten, die Jakob später auf dem Sterbebett für seine Söhne findet, jedoch Gott selbst: »Verflucht sei euer wildes Wüten, weil es so roh und grausam ist. Das Urteil über euch hat Gott gesprochen: ›Ihr dürft nicht mehr zusammenbleiben; ich werde euch in Israel zerstreuen!‹« (1. Mose / Genesis 34,1-31)

D ina, die Tochter Leas und Jakobs, ging einmal aus dem Zeltlager, um Frauen der Landesbewohner zu besuchen. Sichem, der Sohn des Hiwiters Hamor, des führenden Mannes der Gegend, sah sie, fiel über sie her und vergewaltigte sie.

Er hatte aber eine echte Zuneigung zu Dina gefasst; deshalb suchte er ihr Herz zu gewinnen. Zu seinem Vater Hamor sagte er: »Sieh zu, dass ich dieses Mädchen zur Frau bekomme!«

Jakob hörte, dass seine Tochter Dina geschändet worden war; aber weil seine Söhne gerade draußen bei den Herden waren, unternahm er nichts und wartete ihre Rückkehr ab. Sichems Vater kam zu Jakob, um mit ihm über die Sache zu reden. Als die Söhne Jakobs heimkamen und davon erfuhren, waren sie tief verletzt und es packte sie der Zorn, weil Sichem die Tochter Jakobs vergewaltigt hatte. Das galt in Israel als Schandtat; so etwas durfte nicht geschehen! Hamor aber redete ihnen zu und sagte: »Mein Sohn Sichem liebt das Mädchen; gebt sie ihm doch zur Frau! Warum sollen wir uns nicht miteinander verschwägern? Gebt uns eure Töchter, und heiratet ihr unsere Töchter! Unser Gebiet steht euch zur Verfügung. Werdet hier bei uns ansässig und tauscht eure Erzeugnisse gegen die unseren. Wenn ihr wollt, könnt ihr auch Grund und Boden erwerben.«

Sichem sagte zu Dinas Vater und zu ihren Brüdern: »Schlagt meine Bitte nicht ab! Ich will euch alles geben, was ihr verlangt. Ihr könnt den Brautpreis und die Hochzeitsgabe für die Braut so hoch ansetzen, wie ihr wollt; ich zahle alles, wenn ich nur das Mädchen zur Frau bekomme.«

Die Söhne Jakobs gaben Sichem und seinem Vater Hamor eine hinterlistige Antwort, weil Sichem ihre Schwester Dina geschändet hatte. Sie sagten: »Wir können unsere Schwester nicht einem unbeschnittenen Mann geben; das geht gegen unsere Ehre. Wir werden auf eure Bitte nur eingehen, wenn ihr uns gleich werdet und alle männlichen

Bewohner eurer Stadt sich beschneiden lassen. Dann geben wir euch unsere Töchter, und wir können eure Töchter heiraten; dann wollen wir bei euch bleiben und mit euch zusammen ein einziges Volk bilden. Wenn ihr darauf nicht eingeht, nehmen wir das Mädchen und ziehen weg.«

Hamor und sein Sohn Sichem fanden den Vorschlag gut. Der junge Mann nahm die Angelegenheit sogleich in die Hand, denn er liebte das Mädchen, und alle in seiner Familie hörten auf ihn. Hamor und Sichem gingen zum Versammlungsplatz am Tor und trugen die Sache den Männern ihrer Stadt vor. Sie sagten: »Diese Leute kommen in friedlicher Absicht zu uns; lassen wir sie doch bei uns wohnen und ihren Geschäften nachgehen. Es ist Platz genug für sie im Land. Wir wollen uns durch gegenseitige Heirat mit ihnen verbinden. Sie sind bereit, bei uns zu bleiben und sich mit uns zu einem einzigen Volk zu vereinen. Nur eine Bedingung stellen sie: dass alle männlichen Bewohner unserer Stadt beschnitten werden, so wie es bei ihnen Brauch ist. Wir wollen ihnen diese Bedingung erfüllen, dann werden sie unter uns wohnen und ihre Herden und ihr ganzer Besitz werden uns gehören!«

Die Männer der Stadt hörten auf die beiden, und alles, was männlich war, wurde beschnitten.

Am dritten Tag aber, als sie im Wundfieber lagen, nahmen Dinas Brüder Simeon und Levi ihre Schwerter, drangen in die unbewachte Stadt ein und töteten alle männlichen Bewohner. Sie erschlugen auch Hamor und Sichem, holten ihre Schwester aus Sichems Haus und nahmen sie mit. **117**

Dann raubten die Söhne Jakobs die Erschlagenen aus und plünderten die Stadt. So rächten sie sich dafür, dass Sichem ihre Schwester geschändet hatte. Sie nahmen alle Schafe und Ziegen, Rinder, Esel und was sonst noch an Tieren in der Stadt und auf dem freien Feld war und raubten alles, was sie in den Häusern fanden. Auch die Frauen und Kinder schleppten sie als Beute weg.

Jakob aber sagte zu Simeon und Levi: »Ihr habt mich ins Unglück gebracht! Die Bewohner des Landes, die Kanaaniter und die Perisiter, werden mich jetzt hassen wie einen Todfeind. Ich habe nur eine Hand voll Leute. Wenn sich alle gegen uns zusammentun, ist es um uns geschehen; sie bringen mich um mit meiner ganzen Familie!«

Aber die beiden erwiderten: »Wir konnten doch nicht hinnehmen, dass er unsere Schwester wie eine Hure behandelt hat!«

Erpressung und Verleumdung
Susanna und die falschen Richter

Weniger gewalttätig, aber deshalb nicht weniger heimtückisch geht es in einer Kriminalgeschichte zu, die sich unter den so genannten Spätschriften des Alten Testaments findet, weil sie erst bei der Übersetzung des Danielbuches ins Griechische aufgenommen wurde – die Geschichte von der schönen und frommen Susanna, die durch die Intrige zweier Männer in Bedrängnis gerät. Sie spielt in Babylon, wo nach der Eroberung Jerusalems im Jahr 587 v.Chr. viele deportierte Israeliten im Exil lebten. In diesem Fall sind es ausgerechnet zwei Richter, die sich des Verbrechens schuldig machen, weil sie ihrer Begierde nicht Herr werden. Die junge Susanna ist ihrer infamen Intrige ohnmächtig ausgeliefert, bis Gott Hilfe in der Gestalt des weisen Daniel schickt. Durch eine geschickte Verhörmethode überführt er die beiden falschen Ankläger und rehabilitiert das Opfer.

Die Geschichte betont die Unbescholtenheit und den Glauben Susannas, die sich fest auf Gott verlässt und zu ihm betet, sowie die Weisheit Daniels, der durch eine Eingebung Gottes zunächst die Vollstreckung des Fehlurteils verhindert und den Fall dann souverän löst. Beide werden in ihrem Vertrauen zu Gott nicht enttäuscht. (Zusätze zum Buch Daniel B,1-64)

In Babylon lebte ein Jude mit Namen Jojakim, der hatte eine junge Frau, die Susanna hieß, eine Tochter Hilkijas. Susanna war sehr schön und hielt treu zum Herrn. Ihre Eltern waren fromme Juden und hatten ihre Tochter stets dazu angehalten, das Gesetz Moses genau zu befolgen.

Jojakim war sehr reich und hatte einen großen Garten bei seinem Haus. Weil er der angesehenste unter den Juden der Stadt war, trafen sich in seinem Haus die Männer der jüdischen Gemeinde.

Nun waren damals zwei Älteste aus dem Volk zu Richtern bestellt worden – Männer, denen es nur zum Schein um das Wohl des Volkes zu tun war. Auf sie bezog sich das Wort des Herrn: »Unrecht wird ausgehen von Babylon, von den Ältesten und Richtern.« Sie waren täglich im Haus Jojakims und jeder, der einen Rechtsfall hatte, suchte sie dort auf.

Um die Mittagszeit, wenn die Besucher weggegangen waren, machte Susanna regelmäßig einen Spaziergang im Garten ihres Mannes. Täglich sahen die beiden Ältesten sie dort umhergehen und sie wurden von Leidenschaft zu ihr ergriffen. Sie gerieten mit ihren Gedanken auf Abwege und richteten ihren Blick nicht mehr zum Himmel empor, damit sie nicht an Gottes gerechtes Gericht erinnert würden. Alle beide wurden von Sehnsucht nach ihr verzehrt; aber keiner ließ den anderen etwas merken. Sie schämten sich, einander zu bekennen, dass sie vom Verlangen nach ihr gepeinigt wurden. Täglich brannten sie darauf, sie zu sehen.

Eines Mittags sagte der eine zum anderen: »Gehen wir nach Hause, es ist Essenszeit!«

Sie verließen das Haus und trennten sich. Aber nachdem sie ein Stück weit gegangen waren, kehrten sie beide um und trafen vor dem Haus wieder zusammen. Sie fragten einander nach dem Grund und da gestand jeder dem anderen seine Leidenschaft. Sie beschlossen, gemeinsam vorzugehen, und verabredeten sich für einen Zeitpunkt, zu dem sie Susanna allein antreffen konnten.

Am verabredeten Tag legten sie sich auf die Lauer und sahen Susanna, wie es ihre Gewohnheit war, in Begleitung von nur zwei Mädchen den Garten betreten. Weil es heiß war, wollte sie dort ein Bad nehmen. Im Garten war sonst niemand außer den beiden Ältesten, die sich versteckt hielten und auf ihre Gelegenheit warteten.

Susanna schickte die beiden Mädchen mit dem Auftrag weg: »Holt mir Öl und Salbe und schließt das Gartentor ab, damit ich ungestört baden kann!«

Die Mädchen entfernten sich, schlossen das Tor und gingen durch die Seitentür zum Haus, um das Gewünschte zu holen. Von den Ältesten in ihrem Versteck hatten sie nichts bemerkt.

Als die Mädchen fort waren, kamen die beiden Ältesten hervor, liefen zu Susanna und sagten: »Die Tore sind verschlossen, niemand sieht uns. Wir brennen in Liebe zu dir, sei uns zu Willen und gib dich uns hin! Wenn du dich sträubst, werden wir dich anklagen und sagen: »Ein junger Mann war bei ihr, deshalb hat sie die Mädchen weggeschickt.«

Susanna stöhnte verzweifelt auf und sagte: »Es gibt keinen Ausweg für mich! Wenn ich tue, was ihr verlangt, bin ich als Ehebrecherin dem Tod verfallen; und wenn ich mich weigere, bin ich in eurer Hand und muss genauso sterben. Aber ich will lieber durch euch den Tod erleiden als vor dem Herrn schuldig werden.«

Susanna begann laut zu rufen und gleichzeitig erhoben die beiden Ältesten ein Zetergeschrei gegen sie. Der eine lief zum Gartentor und öffnete es.

Als die Diener im Haus das Geschrei hörten, eilten sie durch die Seitentür herbei, um zu sehen, was vorgefallen **121** war. Die Ältesten brachten ihre Beschuldigung vor. Die Diener schämten sich für Susanna, denn sie war bisher völlig unbescholten gewesen.

Als die jüdischen Männer am nächsten Tag wieder bei Jojakim zusammenkamen, waren auch die beiden Ältesten da. Ihr finsterer Entschluss stand fest: Sie wollten Susanna dem Tod ausliefern. Vor den versammelten Männern sagten sie: »Lasst Susanna holen, die Tochter Hilkijas und Frau Jojakims!«

Sie kam, begleitet von ihren Eltern und Kindern und allen ihren Angehörigen. Susanna hatte eine bezaubernde Gestalt. Sie trug jedoch einen Schleier. Die beiden Bösewichte gaben Befehl, ihr den Schleier abzunehmen; denn sie wollten sich an ihrer Schönheit weiden. Ihre Angehörigen begannen zu weinen und auch alle anderen, die es mit ansehen mussten, weinten.

Nun standen die beiden Ältesten auf und legten die Hände auf Susannas Kopf. Sie aber blickte weinend zum Himmel auf, denn sie vertraute fest auf die Hilfe des Herrn.

Die beiden sagten: »Als wir allein im Garten spazieren gingen, kam diese Frau mit zwei Dienerinnen herein, verschloss das Gartentor und schickte die Dienerinnen weg. Ein junger Mann, der sich dort versteckt gehalten hatte, kam hervor und legte sich zu ihr. Wir waren gerade in der hintersten Ecke des Gartens, als diese Schandtat geschah, und sofort liefen wir hin. Wir fanden die beiden eng umschlungen beieinander liegen. Den jungen Mann konnten wir nicht festhalten, denn er war stärker als wir;

er öffnete das Gartentor und entkam. Aber diese da packten wir und fragten sie nach seinem Namen. Sie wollte ihn uns aber nicht verraten. Dies alles können wir bezeugen.«

Die versammelten Männer glaubten den beiden, da sie ja Älteste des Volkes und Richter waren, und Susanna wurde zum Tod verurteilt.

Susanna aber rief laut: »Ewiger Gott, du siehst in das Verborgene; alles ist dir bekannt, noch bevor es geschieht! Du weißt, dass ich zu Unrecht beschuldigt werde. Ich muss sterben, obwohl ich nichts von dem getan habe, was die beiden böswillig gegen mich vorgebracht haben.«

Der Herr hörte Susannas Hilferuf. Als sie zur Hinrichtung abgeführt wurde, brachte der Geist Gottes einen noch ganz jungen Mann namens Daniel dazu, dass er laut protestierte. Er rief: »Ich will nichts damit zu tun haben, wenn diese Frau unschuldig getötet wird!«

Alle wandten sich ihm zu und fragten: »Was hat das zu bedeuten? Was willst du damit sagen?«

Daniel trat vor und sagte: »Habt ihr den Verstand verloren, Männer von Israel? Ohne Verhör und ohne Beweis verurteilt ihr eine israelitische Frau! Nehmt sofort die Gerichtsverhandlung wieder auf! Die beiden haben eine falsche Beschuldigung erhoben.«

Sofort kehrten sie alle um. Im Haus Jojakims sagten die Ältesten des Volkes zu Daniel: »Setz dich hierher zu uns und sag, was du weißt! Du bist noch so jung, aber Gott hat dir die Weisheit des Alters geschenkt!«

Daniel sagte: »Trennt die beiden weit voneinander, damit sie sich nicht verständigen können! Ich will sie verhören.« Dann rief er den einen und sagte zu ihm: »Nicht in Ehren, sondern in Schande bist du grau geworden! Aber jetzt trifft dich die Strafe für alle Sünden, die du begangen hast. Als Richter hast du das Recht gebeugt: Unschuldige hast du verurteilt und Verbrecher hast du laufen lassen. Und der Herr hat doch gesagt: ›Einen Unschuldigen sollst du nicht töten!‹ Nun, wenn du diese Frau beim Ehebruch ertappt hast, dann sag mir doch: Unter was für einem Baum lag sie mit dem fremden Mann?«

»Unter einer Buche«, antwortete er.

Daniel erwiderte: »Unter einer Buche? Dass Gott dich verfluche! Diese Lüge kostet dich Kopf und Kragen! Der Engel Gottes hat schon Befehl erhalten, dich in Stücke zu hauen.«

Daniel ließ ihn abführen und den anderen herbeibringen. Zu ihm sagte er: »Du Nachfahre von Kanaan und nicht von Juda! Frauenschönheit hat dich verführt, Liebestollheit hat dir den Verstand geraubt! Frauen aus dem Nordreich Israel könnt ihr so erpressen, sie werden euch aus lauter Angst zu Willen sein. Aber eine Frau aus Juda lässt sich das nicht gefallen. Sag mir doch: Unter was für einem Baum hast du sie mit dem fremden Mann ertappt?«

»Unter einer Fichte«, antwortete er.

Daniel erwiderte: »Unter einer Fichte? Dass Gott dich vernichte! Diese Lüge kostet dich den Hals. Der Engel Gottes wartet schon mit dem Schwert, um dich mitten-

124

durch zu spalten. Er wird mit euch beiden kurzen Prozess machen!«

Da priesen alle Versammelten mit lauter Stimme Gott, der die Bedrängten rettet, die ihm vertrauen.

Darauf nahmen sie sich die beiden Ältesten vor, die Daniel durch ihre eigene Aussage überführt hatte. Weil sie sich als lügenhafte Ankläger erwiesen hatten, wurde über sie dieselbe Strafe verhängt, die sie der fälschlich angeklagten Susanna zugedacht hatten. Nach der entsprechenden Vorschrift im Gesetz Moses wurden sie beide hingerichtet.

So wurde die unschuldige Susanna an jenem Tag vom Tod gerettet. Ihr Vater Hilkija, ihre Mutter, ihr Mann Jojakim und alle ihre Angehörigen priesen Gott, weil Susanna von jedem Vorwurf reingewaschen worden war. Daniel aber war seit jenem Tag bei seinem Volk hoch angesehen und sein Ansehen wuchs auch weiterhin.

Raubüberfall mit Körperverletzung
Ein Verbrechen auf offener Straße

Eine der bekanntesten Kriminalgeschichten der Bibel spielt an der Straße zwischen Jericho und Jerusalem. Erzählt wird von einem Raubüberfall mit Körperverletzung sowie von unterlassener Hilfeleistung und überraschender Rettung. Ausgedacht hat sich diese Geschichte Jesus. Er antwortete damit auf die Frage eines Gesetzeslehrers. **125**

Dessen Problem bildet deshalb auch die Leitfrage der Geschichte. Obwohl es sich um eine Kriminalgeschichte handelt, lautet sie nicht: Wer war der Täter?, sondern: Wer ist mein Nächster?

Die Antwort, die Jesus mit dieser Beispielgeschichte gibt, setzt sich von der Definition des »Nächsten« ab, wie sie zu seiner Zeit üblich war. Obwohl nach der Weisung, die Mose am Sinai von Gott erhalten hatte, das Gebot der Nächstenliebe uneingeschränkt gelten sollte, verstand man unter dem »Nächsten« zur Zeit Jesu in der Regel nur den »Glaubens- oder Gesinnungsgenossen«. Die Verpflichtung zu Hilfe und Solidarität wurde somit von der Zugehörigkeit zur eigenen politisch-religiösen Gruppe abhängig gemacht. Jesus kritisiert dies in den Figuren des Priesters und des Leviten, eines Priestergehilfen. Ausgerechnet der von allen übrigen Religionsparteien verachtete Samariter, der nicht als Angehöriger des Volkes Israel anerkannt wird, handelt hingegen im ursprünglichen Sinne des Gebotes.

Jesus selbst kehrt schließlich die Fragerichtung des Gesetzeslehrers um. Statt »Für wen war der Überfallene der ›Nächste‹?« fragt er: »Wer war dem Überfallenen der Nächste?«. Damit fordert er dazu auf, sich in die Situation des Leidenden zu versetzen und von ihm aus den Begriff des Nächsten neu zu definieren. Der Gesetzeslehrer beantwortet die Frage am Ende im Sinne Jesu und löst damit seinen eigenen Fall auf überzeugende Weise. (Lukas 10,25-37)

Da kam ein Gesetzeslehrer und wollte Jesus auf die Probe stellen; er fragte ihn: »Lehrer, was muss ich tun, um das ewige Leben zu bekommen?«

Jesus antwortete: »Was steht denn im Gesetz? Was liest du dort?«

Der Gesetzeslehrer antwortete: »Liebe den Herrn, deinen Gott, von ganzem Herzen, mit ganzem Willen und mit aller deiner Kraft und deinem ganzen Verstand! Und: Liebe deinen Mitmenschen wie dich selbst!«

»Du hast richtig geantwortet«, sagte Jesus. »Handle so, dann wirst du leben.«

Aber dem Gesetzeslehrer war das zu einfach, und er fragte weiter: »Wer ist denn mein Mitmensch?«

Jesus nahm die Frage auf und erzählte die folgende Geschichte:

»Ein Mann ging von Jerusalem nach Jericho hinab. Unterwegs überfielen ihn Räuber. Sie nahmen ihm alles weg, schlugen ihn zusammen und ließen ihn halb tot liegen. Nun kam zufällig ein Priester denselben Weg. Er sah den Mann liegen und ging vorbei. Genauso machte es ein Levit, als er an die Stelle kam: Er sah ihn liegen und ging vorbei. Schließlich kam ein Reisender aus Samarien. Als er den Überfallenen sah, ergriff ihn das Mitleid. Er ging zu ihm hin, behandelte seine Wunden mit Öl und Wein und verband sie. Dann setzte er ihn auf sein eigenes Reittier und brachte ihn in das nächste Gasthaus, wo er sich weiter um ihn kümmerte. Am anderen Tag zog er seinen Geldbeutel heraus, gab dem Wirt zwei Silberstücke und sagte: ›Pflege **127** ihn! Wenn du noch mehr brauchst, will ich es dir bezahlen, wenn ich zurückkomme.'«

»Was meinst du?«, fragte Jesus. »Wer von den dreien hat an dem Überfallenen als Mitmensch gehandelt?«

Der Gesetzeslehrer antwortete: »Der ihm geholfen hat!«

Jesus erwiderte: »Dann geh und mach du es ebenso!«

Gemeinschaftlich begangener Mord
Die bösen Weinbergspächter

Als sich im Laufe von Jesu Auftreten die Auseinandersetzung mit den jüdischen Autoritäten mehr und mehr zuspitzte, setzte Jesus auch seinen Konflikt mit ihnen in einer kleinen Kriminalgeschichte ins Bild. Er erzählt darin von einigen Weinbergspächtern, die gewaltsam versuchen, sich den von ihnen gepachteten Weinberg anzueignen. Vom Alten Testament her ist der Weinberg ein geläufiges Bild für das Volk Israel und der Weinbergbesitzer für Gott. Mit dem Schicksal, das die Boten des Weinbergbesitzers im Gleichnis ereilt, spielt Jesus offensichtlich auf das Schicksal vieler Propheten in Israel an. Und so wie dem Sohn des Weinbergbesitzers im Gleichnis droht es ihm bald selbst zu gehen. Dennoch wendet sich das Gleichnis nicht gegen das Volk Israel als Ganzes, sondern nur gegen dessen religiöse Führer, die sich auch sofort getroffen fühlen. Im Unterschied zu den Weinbergspächtern im Gleichnis verfolgten sie Jesus allerdings nicht aus niederen Motiven. Ihr Vorgehen hatte seinen Grund in ihrer Interpretation der Tora und nicht in habgierigen Interessen. (Lukas 20,9-19)

Darauf wandte sich Jesus wieder dem Volk zu und erzählte ihm dieses Gleichnis:
»Ein Mann legte einen Weinberg an. Den verpachtete er und verreiste dann für längere Zeit. Zum gegebenen Zeitpunkt schickte er einen Boten zu den Pächtern, um seinen Anteil am Ertrag des Weinbergs abholen zu lassen. Aber die Pächter verprügelten den Boten und ließen ihn unverrichteter Dinge abziehen.

Der Besitzer schickte einen zweiten, aber auch den verprügelten sie, behandelten ihn auf die schimpflichste Weise und schickten ihn mit leeren Händen weg. Er sandte auch noch einen dritten. Den schlugen die Pächter blutig und jagten ihn ebenfalls davon.

Da sagte der Besitzer des Weinbergs: ›Was soll ich tun? Ich werde meinen Sohn schicken, dem meine ganze Liebe gilt; vor dem werden sie wohl Respekt haben.‹

Aber als die Pächter ihn kommen sahen, sagten sie zueinander: ›Das ist der Erbe! Wir bringen ihn um, dann gehört seine Erbschaft, der Weinberg, uns.‹ So stießen sie ihn aus dem Weinberg hinaus und töteten ihn.

Was wird nun der Besitzer des Weinbergs mit ihnen machen?

Er wird kommen und diese bösen Pächter töten und wird den Weinberg anderen anvertrauen.«

129

Als die Leute das hörten, sagten sie: »Das darf nicht geschehen!«

Jesus schaute sie an und sagte: »Was bedeutet denn dieses Wort in den Heiligen Schriften: ›Der Stein, den die Bauleute als wertlos weggeworfen haben, ist zum Eckstein geworden‹? Wer auf diesen Stein stürzt, wird zerschmettert, und auf wen er fällt, den zermalmt er!«

Die Gesetzeslehrer und die führenden Priester hätten Jesus am liebsten auf der Stelle festgenommen; denn sie merkten, dass das Gleichnis auf sie gemünzt war. Aber sie hatten Angst vor dem Volk.

Mordanschlag auf einen Gefangenen
Eine Verschwörung gegen Paulus

Paulus gehört zweifellos zu den engagiertesten Anhängern von Jesus. Obwohl er diesem zu dessen Lebzeiten nie begegnet ist und erst durch eine Erscheinung des Auferstandenen vom Verfolger der Christen zu ihrem eifrigsten Missionar wurde, zählt er zu den Aposteln. Der zweite Teil der Apostelgeschichte ist denn auch ganz seinen Missionsreisen durch Kleinasien gewidmet.

Am Ende der dritten Reise kommt Paulus nach Jerusalem, ins Zentrum des jüdischen Lebens, wo er schon bald nach seiner Ankunft in einen Konflikt mit Tempelbesuchern gerät. Sie werfen ihm aufrührerische Lehren vor und sehen in ihm wegen seines Umgangs mit Nichtjuden einen Entweiher des heiligen Ortes. Was Paulus damit droht, weiß er aus eigener Anschauung: Stephanus, einer der Führer der christlichen Gemeinde in Jerusalem, war aus ähnlichen Gründen vor seinen Augen gesteinigt worden (Apostelgeschichte 7,54–8,1). Doch Paulus hat Glück. Durch das Eingreifen der römischen Besatzungsmacht, die ihn in Schutzhaft nimmt, entgeht er der aufgebrachten Menge.

Einige der Männer sind jedoch so erbost, dass sie eine Verschwörung anzetteln, um ihn in der Haft zu töten. Der Plan soll in der Art der Sikarier, der »Dolchmänner«, ausgeführt werden. Diese inszenierten und nutzten Volksaufläufe, um im Gedränge mit ihren kurzen Dolchen Menschen zu töten, die sie für Verräter am Gesetz Israels hielten. Der Kommandant der römischen Truppen in Jerusalem wird allerdings gewarnt und ergreift Maßnahmen, um den geplanten Anschlag zu verhindern.

Obwohl von Gott in dieser Geschichte nicht die Rede ist, dürfte Paulus die Rettung doch letztlich als dessen Werk verstanden haben. Als Gefangener wurde er im Folgenden nach Rom gebracht, wo er nach dem Bericht der Apostelgeschichte die Verkündigung bis zu seinem Tod fortsetzen konnte. (Apostelgeschichte 23,12-33)

A m nächsten Morgen taten sich eine Anzahl Juden zu einem Anschlag gegen Paulus zusammen. Sie schworen, nichts zu essen und zu trinken, bis sie ihn umgebracht hätten. Mehr als vierzig Männer beteiligten sich an dieser Verschwörung. Sie gingen zu den führenden Priestern und den Ratsältesten und weihten sie ein: »Wir haben feierlich geschworen, nichts zu essen und zu trinken, bis wir Paulus getötet haben. Geht also jetzt im Namen des ganzen jüdischen Rates zum Kommandanten und fordert ihn auf, euch Paulus noch einmal vorzuführen; ihr wolltet seinen Fall noch genauer untersuchen. Wir halten uns dann bereit und bringen ihn um, noch bevor er hier eintrifft.«

Aber ein Neffe von Paulus, der Sohn seiner Schwester, hörte von dem geplanten Anschlag. Er ging in die Kaserne und erzählte Paulus davon. Der rief einen von den Hauptleuten und sagte zu ihm: »Bring diesen jungen Mann zum Kommandanten! Er hat eine wichtige Nachricht für ihn.«

Der Hauptmann brachte ihn zum Kommandanten und sagte: »Der Gefangene Paulus hat mich rufen lassen und mich gebeten, diesen jungen Mann zu dir zu führen. Er soll eine wichtige Nachricht für dich haben.«

Der Kommandant nahm den jungen Mann beiseite und fragte ihn: »Was hast du mir zu berichten?«

Da erzählte er: »Die Juden wollen dich bitten, Paulus morgen noch einmal vor ihren Rat zu bringen, damit sie ihn noch genauer verhören können. Aber du darfst ihnen nicht glauben, denn mehr als vierzig Männer planen einen Anschlag. Sie alle haben geschworen, erst wieder zu essen und zu trinken, wenn sie Paulus getötet haben. Sie halten sich bereit und warten nur darauf, dass du ihn herausführen lässt.«

Der Kommandant sagte: »Verrate keinem, dass du mir davon erzählt hast!« Dann ließ er den jungen Mann gehen.

Der Kommandant rief zwei Hauptleute und befahl ihnen: »Sorgt dafür, dass zweihundert Soldaten sich für heute Abend um neun Uhr zum Abmarsch nach Cäsarea bereitmachen, dazu siebzig Reiter und noch zweihundert Leichtbewaffnete. Besorgt ein paar Reittiere für Paulus und bringt ihn sicher zum Statthalter Felix!«

Dann schrieb er folgenden Brief:

»Klaudius Lysias grüßt den hochverehrten Statthalter Felix. Den Mann, den ich dir sende, hatten die Juden ergriffen und wollten ihn töten. Als ich erfuhr, dass er römischer Bürger ist, ließ ich ihn durch meine Soldaten in Sicherheit bringen. Weil ich herausbekommen wollte, weshalb sie ihn verfolgen, brachte ich ihn vor ihren Rat. Aber es stellte sich heraus, dass er nichts getan hat, worauf Todesstrafe oder Gefängnis steht. Ihre Vorwürfe beziehen sich nur auf strittige Fragen des jüdischen Gesetzes. Nun wurde mir gemeldet, dass ein Anschlag gegen ihn geplant ist, deshalb schicke ich ihn umgehend zu dir. Ich habe auch die Kläger angewiesen, ihre Sache gegen ihn bei dir vorzutragen.«

Die Soldaten übernahmen Paulus und brachten ihn befehlsgemäß noch in der Nacht bis nach Antipatris. Am nächsten Tag kehrten die Fußtruppen nach Jerusalem in die Kaserne zurück, während die Reiter Paulus weitergeleiteten. Sie brachten ihn nach Cäsarea und übergaben den Brief und den Gefangenen dem Statthalter Felix.

Verbrechen
von Staats wegen

Amnesty international gab es zu biblischen Zeiten noch
nicht, doch die Menschenrechtsorganisation hätte auch
damals schon alle Hände voll zu tun gehabt, ebenso wie
Vereinigungen zum Schutz bedrohter Völker und ethni-
scher Minderheiten. Politische und religiöse Verfolgung,
Misshandlung von Gefangenen, Folter und staatlich
organisierter Mord, Massaker an der Zivilbevölkerung
und »ethnische Säuberungen« – das alles findet sich
schon in den Texten der Bibel.

Die Geschichten, die von Fällen solcher Staatskriminali-
tät erzählen, verteilen sich über viele Jahrhunderte. Dass
sie aufgeschrieben wurden, hat unterschiedliche Gründe.
Teilweise handelt es sich um Episoden aus der Geschichte des Volkes Israel, in denen Gottes schützender
Beistand für sein Volk deutlich wird; teilweise geht es um
das Schicksal von Einzelpersonen, die in Treue zu Gott
und seinen Geboten gegen staatliche Verfolgung stand-
gehalten und dabei göttliche Hilfe erfahren haben. Und
schließlich gehört hierher auch der Anfang der Geschichte von jenem Menschen, mit dem Gott selbst zum

Opfer der Gewalt wurde und über dessen Geburt diese Gewalt bereits grauenhaft aufblitzt.

Königlich befohlener Massenmord
Der Pharao und die Israeliten in Ägypten

Von der ersten staatlich angeordneten Verfolgung der Israeliten erzählt das zweite Buch der Bibel, wegen des darin enthaltenen Berichts vom Auszug der Israeliten aus Ägypten auch »Exodus« genannt. Zu Beginn des Buches sind die Nachkommen Jakobs und seiner Söhne in Ägypten zu einem eigenen Volk, den Hebräern, herangewachsen, das von den Ägyptern zu Sklavenarbeiten herangezogen wird. Doch damit nicht genug. Um die Gefahr durch die erstarkenden Hebräer in den Griff zu bekommen, versucht der Pharao den hebräischen Nachwuchs zu dezimieren und ordnet dazu den offenen Massenmord an.

Ironischerweise gelingt es dem künftigen Anführer des Volkes Israel gerade mit Hilfe der Tochter des Pharaos, dem befohlenen Genozid zu entgehen. Dank einer klug eingefädelten Rettungsaktion seiner Mutter wächst der Hebräerjunge Mose sogar als Adoptivsohn der Prinzessin am Hof des Pharaos auf. Als junger Mann begeht er dann allerdings eine Tat, durch die er sich einerseits mit den unterdrückten Angehörigen seines Volkes solidarisiert, andererseits aber seine privilegierte Stellung am Hof ver-   135 spielt. Doch die so erzwungene Flucht gehört zur Vorbereitung auf die größere Aufgabe, die Gott ihm zugedacht hat.

Die Befreiung aus Ägypten ist für das Volk Israel eine der »Urerfahrungen« des Beistands Gottes. Er rettet sein Volk vor Unterdrückung und Verfolgung. Dass es dabei auch von Seiten Moses und später von Seiten Gottes zur Gewaltanwendung kommt, verschweigt die Bibel nicht. Dies gehört zur unauflösbaren Ambivalenz des Wirkens Gottes in dieser Welt. (2. Mose / Exodus 1,1 – 2,15a)

Zusammen mit Jakob, der auch Israel heißt, waren elf seiner zwölf Söhne mit ihren Familien nach Ägypten ausgewandert, nämlich: Ruben, Simeon, Levi und Juda, Issachar, Sebulon und Benjamin, Dan und Naftali, Gad und Ascher. Josef war schon vorher nach Ägypten gekommen. Insgesamt waren es mit Kindern und Enkeln siebzig direkte Nachkommen Jakobs.

Dann waren Josef und seine Brüder gestorben. Von ihrer ganzen Generation lebte niemand mehr. Aber ihre Nachkommen, die Israeliten, waren fruchtbar und vermehrten sich; sie nahmen überhand und wurden so zahlreich, dass sie das Land füllten.

Da kam in Ägypten ein neuer König an die Macht, der von Josef nichts mehr wusste. Er sagte zu seinen Leuten: »Die Israeliten sind so zahlreich und stark, dass sie uns gefährlich werden. Wir müssen etwas unternehmen, damit sie nicht noch stärker werden. Sie könnten sich sonst im

Kriegsfall auf die Seite unserer Feinde schlagen, gegen uns kämpfen und dann aus dem Land fortziehen.«

Die Ägypter setzten deshalb Aufseher ein, um die Israeliten mit Fronarbeit unter Druck zu halten. Die Männer mussten für den Pharao die Vorratsstädte Pitom und Ramses bauen. Aber je mehr man die Israeliten unterdrückte, desto zahlreicher wurden sie und desto mehr breiteten sie sich aus. Den Ägyptern wurde das unheimlich. Darum ließen sie die Männer Israels als Sklaven für sich arbeiten, misshandelten sie und machten ihnen das Leben zur Hölle. Sie zwangen sie, aus Lehm Ziegel herzustellen und harte Feldarbeit zu verrichten.

Doch nicht genug damit: Der König von Ägypten ließ die beiden hebräischen Hebammen Schifra und Pua rufen und befahl ihnen: »Wenn ihr den hebräischen Frauen bei der Geburt beisteht, dann achtet darauf, ob sie einen Sohn oder eine Tochter zur Welt bringen. Die männlichen Nachkommen müsst ihr sofort umbringen, nur die Mädchen dürft ihr am Leben lassen.«

Die Hebammen aber gehorchten Gott und befolgten den Befehl des Königs nicht. Sie ließen auch die Söhne am Leben. Da ließ der König die Hebammen kommen und fragte sie: »Warum widersetzt ihr euch meinem Befehl und lasst die Jungen am Leben?«

Sie antworteten dem Pharao: »Die hebräischen Frauen sind kräftiger als die ägyptischen. Bis die Hebamme zu ihnen kommt, haben sie ihr Kind schon längst zur Welt gebracht.«

So vermehrte sich das Volk Israel auch weiterhin und wurde immer mächtiger. Gott aber ließ es den Hebammen gut gehen. Weil sie ihm gehorcht hatten, schenkte er ihnen zahlreiche Nachkommen.

Nun gab der Pharao seinem ganzen Volk den Befehl: »Werft jeden Jungen, der den Hebräern geboren wird, in den Nil! Nur die Mädchen dürfen am Leben bleiben.«

Ein Mann aus der Nachkommenschaft von Levi heiratete eine Frau, die ebenfalls zu den Nachkommen Levis gehörte. Sie wurde schwanger und brachte einen Sohn zur Welt. Als sie sah, dass es ein gesundes, schönes Kind war, hielt sie es drei Monate lang versteckt. Länger konnte sie es nicht verbergen. Deshalb besorgte sie sich ein Kästchen aus Binsen, dichtete es mit Pech ab, sodass es kein Wasser durchließ, und legte das Kind hinein. Dann setzte sie das Kästchen ins Schilf am Ufer des Nils. Die Schwester des Kindes versteckte sich in der Nähe, um zu sehen, was mit ihm geschehen würde.

Da kam die Tochter des Pharaos an den Nil, um zu baden. Ihre Dienerinnen ließ sie am Ufer zurück. Auf einmal sah sie das Kästchen im Schilf. Sie schickte eine Dienerin hin, um es zu holen. Als sie es öffnete, fand sie darin einen weinenden Säugling, einen kleinen Jungen. Voller Mitleid rief sie: »Das ist einer von den Hebräerjungen!«

Die Schwester des Kindes kam aus ihrem Versteck und fragte: »Soll ich eine hebräische Frau rufen, die das Kind stillen kann?«

138 »Ja, tu das!«, sagte die Tochter des Pharaos.

Da holte das junge Mädchen die Mutter des Kindes, und die Tochter des Pharaos sagte zu ihr: »Nimm dieses Kind und stille es für mich! Ich werde dich dafür bezahlen.«

So kam es, dass die Frau ihr eigenes Kind mit nach Hause nehmen und stillen konnte. Als der Junge groß genug war, brachte sie ihn wieder zurück. Die Tochter des Pharaos nahm ihn als ihren Sohn an. Sie sagte: »Ich habe ihn aus dem Wasser gezogen.« Darum gab sie ihm den Namen Mose.

Als Mose erwachsen war, ging er einmal zu seinen Brüdern, den Israeliten, hinaus und sah, wie sie Fronarbeiten verrichten mussten. Er wurde Zeuge, wie ein Ägypter einen Hebräer, einen von seinen Brüdern, totschlug. Da schaute er sich nach allen Seiten um, und als er sah, dass niemand in der Nähe war, erschlug er den Ägypter und verscharrte ihn im Sand.

Am nächsten Tag ging er wieder hinaus. Da sah er zwei Hebräer, die miteinander stritten. Er sagte zu dem, der im Unrecht war: »Warum schlägst du einen Mann aus deinem eigenen Volk?«

Der antwortete: »Wer hat dich zum Aufseher und Richter über uns eingesetzt? Willst du mich auch umbringen wie den Ägypter?«

Da bekam Mose Angst, denn er dachte: »Es ist also doch bekannt geworden!«

Als der Pharao von dem Vorfall erfuhr, wollte er Mose töten lassen. Mose aber floh vor ihm in das Land Midian.

Politische Verfolgung eines Oppositionellen
Jeremia und die Minister Zidkijas

Einen besonders guten Einblick in das beschwerliche Leben eines Propheten in Israel mit all seinen Anfeindungen und Gefahren bietet das Jeremiabuch. Der Prophet Jeremia, Sohn eines Priesters, trat ab 627 v. Chr. im Süden des dreihundert Jahre zuvor geteilten Reiches Israel, dem Staat Juda auf (das Nordreich war bereits 722 v. Chr. von den Assyrern erobert worden). Als hätte Jeremia gewusst, was ihn erwartete, versuchte er sich seiner Berufung durch Gott zu widersetzen – doch ohne Erfolg. Nicht lange danach wäre er fast Opfer eines Mordanschlages geworden, den eine Gruppe aus seinem nahe bei Jerusalem gelegenen Heimatdorf Anatot gegen ihn schmiedete (vgl. Jeremia 11,18-23). Sie nahm Jeremia seine Kritik an religiösen und sozialen Missständen wie Götzendienst und verbreitetem Rechtsbruch übel. Doch mit Gottes Hilfe entkam Jeremia dem Anschlag und setzte seine Verkündigung fort.

Im zweiten Teil des Jeremiabuches finden sich einige Berichte seines »Sekretärs« und Freundes Baruch. In ihnen wird erzählt, welche Rolle Jeremia im Vorfeld der Eroberung Jerusalems durch die Babylonier (Chaldäer) im Jahre 587 v. Chr. spielte. Er tritt dort einerseits als Ratgeber des Königs auf, dessen Bündnispolitik mit Ägypten er kritisiert und dem er den nicht mehr abwendbaren Untergang ankündigt. Andererseits gerät er in den Verdacht des

Hochverrats, als er Jerusalem während einer Belagerungspause verlassen will, und wird daraufhin von den Ministern des Königs gefangen gesetzt. Nur die heimliche Unterstützung des politisch schwachen Königs und die Hilfe eines äthiopischen Palastdieners verhindern, dass Jeremia unter den unmenschlichen Haftbedingungen und dem gezielten Tötungsversuch einiger Minister stirbt.

Diese Kriminalgeschichte zeigt zum einen, was Gott seinen Boten zumutet, sie belegt aber auch, dass er sie nicht im Stich lässt: Jeremia wird schließlich bei der Eroberung Jerusalems befreit und bleibt vor der Deportation nach Babylon verschont. (Jeremia 37,1–38,13)

D er Babylonierkönig Nebukadnezzar hatte König Jojachin, den Sohn Jojakims, abgesetzt und an seiner Stelle Zidkija, einen Bruder von Jojakim und Sohn von Joschija, als König über das Land Juda eingesetzt. Aber weder König Zidkija noch seine Hofleute noch die Bewohner des Landes nahmen ernst, was der HERR ihnen durch Jeremia sagen ließ.

König Zidkija sandte Juchal, den Sohn von Schelemja, und den Priester Zefanja, den Sohn von Maaseja, zum Propheten Jeremia mit dem Auftrag: »Bete doch für uns zum HERRN, unserem Gott!«

Die babylonischen Belagerer waren nämlich von Jerusalem abgezogen, denn sie hatten erfahren, dass ein Heer des Pharaos aus Ägypten gegen sie anrückte.

Jeremia konnte sich damals noch frei bewegen; sie hatten ihn noch nicht ins Gefängnis geworfen. Da erging das Wort des HERRN an den Propheten Jeremia als Antwort für die Abgesandten Zedekijas: »So spricht der HERR, der Gott Israels: Geht wieder zum König von Juda, der euch hergeschickt hat, um mich zu fragen. Sagt ihm: ›Das Heer des Pharaos, das ausgezogen ist, um euch zu helfen, ist schon wieder auf dem Heimweg nach Ägypten. Die Babylonier kommen zurück. Sie werden diese Stadt angreifen, sie erobern und niederbrennen. Ich, der HERR, warne euch: Redet euch nicht ein, die Babylonier würden endgültig abziehen. Sie werden *nicht* abziehen. Selbst wenn ihr das ganze babylonische Heer in die Flucht schlagen könntet und nur ein paar Verwundete in ihren Zelten zurückblieben, sie würden aufstehen und diese Stadt niederbrennen!‹«

Als das Heer der Belagerer von Jerusalem abgezogen und den Ägyptern entgegengezogen war, wollte Jeremia die Stadt verlassen und ins Gebiet des Stammes Benjamin gehen, um mit seinen Verwandten eine Erbschaft zu teilen. Am Benjamintor hielt der wachhabende Offizier ihn an. Es war Jirija, der Sohn von Schelemja und Enkel von Hananja. Er rief Jeremia zu: »Halt, du willst zu den Babyloniern überlaufen!«

Jeremia entgegnete: »Das ist nicht wahr, ich bin kein Überläufer!«

Doch Jirija glaubte ihm nicht. Er nahm ihn fest und führte ihn vor die Minister. Diese waren wütend auf Jeremia. Sie ließen ihn schlagen und in das Haus des Staatsschreibers Jonatan bringen, das man zum Gefängnis gemacht hatte. Jeremia kam in einen gewölbten Keller, der vorher als Zisterne gedient hatte. Dort blieb er lange Zeit.

Eines Tages ließ König Zidkija den Propheten heimlich in seinen Palast holen und fragte ihn: »Hast du für mich eine Botschaft vom HERRN?«

Jeremia antwortete: »Ja, sie lautet: ›Du wirst an den König von Babylonien ausgeliefert.‹«

Dann fragte Jeremia den König: »Welches Verbrechen habe ich an dir oder an deinen Hofleuten oder an diesem Volk begangen, dass ihr mich ins Gefängnis geworfen habt? Wo sind denn jetzt eure Propheten, die euch vorausgesagt haben, der König von Babylonien werde euch und dieses Land nicht überfallen?«

Und er fügte hinzu: »Mein Herr und König, gewähre mir doch, worum ich dich jetzt bitte: Lass mich nicht in das Haus Jonatans zurückbringen. Das wäre mein sicherer Tod!«

Da gab König Zidkija den Befehl, sie sollten Jeremia im Wachthof gefangen halten. Dort bekam er als Tagesration einen kleinen Brotlaib aus der Bäckergasse, bis das Brot in der Stadt ganz ausging.

Einige Beamte des Königs hörten, was Jeremia zu allen Kriegsleuten im Wachthof sagte. Es waren Schefatja, der Sohn Mattans, und Gedalja, der Sohn Paschhurs, sowie Juchal, der Sohn von Schelemja, und Paschhur, der Sohn von Malkija. Jeremia hatte nämlich zu allen Männern ge- **143** sagt: »So spricht der Herr: ›Wer in dieser Stadt bleibt, kommt um durch Schwert, Hunger oder Pest. Wer aber jetzt hinausgeht und sich den Babyloniern ergibt, kommt mit dem Leben davon. Macht euch nichts vor: Diese Stadt wird dem Heer des Königs von Babylonien in die Hände fallen; Nebukadnezzar wird sie erobern.‹ Das sagt der Herr.«

Die Beamten meldeten dies dem König und sagten: »Diesen Mann muss man töten! Wenn er so weiterredet, verlieren die Kriegsleute, die uns noch geblieben sind, und all die anderen Menschen in der Stadt den letzten Mut. Er sucht nicht das Wohl des Volkes, sondern seinen Untergang!«

»Macht mit ihm, was ihr wollt«, sagte der König. »Ich kann euch nicht daran hindern.«

Da führten sie Jeremia zur Zisterne des Prinzen Malkija, die sich im Wachthof befand. Man ließ ihn an Stricken hinunter. In der Zisterne war kein Wasser, sondern nur Schlamm, in den Jeremia einsank.

Im Königspalast gab es einen äthiopischen Eunuchen namens Ebed-Melech. Als er hörte, dass sie Jeremia in die Zisterne geworfen hatten, verließ er sofort den Palast und suchte den König auf, der sich gerade am Benjamintor aufhielt. Ebed-Melech sagte zu ihm: »Mein König, was diese Männer mit dem Propheten Jeremia gemacht haben, ist ein schweres Unrecht. Sie haben ihn in die Zisterne geworfen und lassen ihn dort unten elend verhungern. Es gibt ja ohnehin kaum noch Brot in der Stadt.«

Da befahl der König: »Nimm dreißig Männer mit und zieh ihn aus der Zisterne, bevor er stirbt!«

Ebed-Melech ging mit den Männern in den Königspalast und holte aus der Kleiderkammer des Vorratshauses abgetragene und zerrissene Kleider. Er ließ sie an Stricken zu Jeremia in die Zisterne hinunter und rief ihm zu: »Lege die Lumpen unter deine Achseln, damit dir die Stricke nicht ins Fleisch schneiden.«

Jeremia tat es. Nun zogen sie ihn mit den Seilen hoch und holten ihn aus der Zisterne heraus. Von da an blieb Jeremia wieder im Wachthof.

Verfolgung aus religiösen Gründen
Nebukadnezzar und seine jüdischen Provinzaufseher

Ein Fall von noch grausamerer staatlicher Verfolgung, diesmal aus religiösen Gründen, findet sich im Danielbuch. Die Handlung spielt zu Beginn des 6. Jahrhunderts v. Chr. in Babylon, wohin nach dem Bericht zu Beginn des Buches bereits im Jahr 605 v. Chr. ein Teil der Bevölkerung Jerusalems deportiert worden war. Der babylonische König Nebukadnezzar lässt unter den Exilierten einige junge Männer auswählen, für die er Aufgaben an seinem Hof vorsieht. Unter ihnen ist Daniel mit seinen drei Freunden Schadrach, Meschach und Abed-Nego. Daniel steigt im Laufe der Zeit zum königlichen Berater auf, die drei Freunde werden mit der Aufsicht über die Provinzen von Babylon betraut.

145

Zum staatlichen Verbrechen kommt es, als Nebukadnezzar ein riesiges Götterstandbild aufstellen lässt und von
allen Bewohnern seines Reiches Verehrung dieses Bildes
verlangt. Schadrach, Meschach und Abed Nego (von
Daniel ist in dieser Geschichte nicht die Rede) weigern
sich aber in Treue zu ihrem Gott, das Bild anzubeten. Als
sie denunziert werden, ereilt sie die vom König selbst fest-
gesetzte grausame Strafe.

Das folgende Wunder wird von der Geschichte breit aus-
gemalt und ist nicht zufällig in der Kunstgeschichte viel-
fach ausgestaltet worden. Es überzeugt Nebukadnezzar,
dass die Bestrafung unberechtigt war, und führt nicht nur
zur Rehabilitation der Angeklagten, sondern auch zur
staatlichen Zulassung ihrer Religion. Dass Gott selbst das
Verbrechen an seinen Anhängern verhinderte, ist auch für
den ermittelnden König überzeugendes Indiz für seine
überlegene Macht. (Daniel 3,1-30)

König Nebukadnezzar ließ ein goldenes Standbild an-
fertigen, dreißig Meter hoch und drei Meter breit, und
ließ es in der Ebene Dura in der Provinz Babylon aufstellen.
Dann berief er sämtliche hohen Beamten seines Reiches
zu einer Versammlung ein, die Provinzstatthalter, Militärbefehlshaber und Unterstatthalter, die Ratgeber, Schatz-
meister, Richter, Polizeigewaltigen und alle hohen Beamten der Provinzen. Sie sollten an der Einweihung des
Standbildes teilnehmen, das er errichtet hatte. Sie alle
kamen zu der Einweihung und stellten sich vor dem Stand-

bild auf. Ein Herold rief mit lauter Stimme: »Ihr Leute aus allen Nationen, Völkern und Sprachen, hört diesen Befehl: Wenn ihr den Klang der Hörner, Flöten und Pfeifen, der Harfen, Lauten, Dudelsäcke und aller anderen Instrumente hört, müsst ihr euch niederwerfen und das goldene Standbild anbeten, das König Nebukadnezzar aufrichten ließ. Wer es nicht tut, wird auf der Stelle in den glühenden Ofen geworfen.«

Als die Instrumente ertönten, die Hörner, Flöten und Pfeifen, die Harfen, Lauten, Dudelsäcke und alle anderen, warfen sich die Leute aus allen Völkern, Nationen und Sprachen nieder und beteten das goldene Standbild an.

Einige Babylonier aber ergriffen die Gelegenheit, die Juden anzuzeigen. Sie sagten zu Nebukadnezzar: »Der König möge ewig leben! Du, König, hast doch den Befehl erlassen: ›Jeder, der den Klang der Hörner, Flöten und Pfeifen, der Harfen, Lauten, Dudelsäcke und aller anderen Instrumente hört, soll sich niederwerfen und das goldene Standbild anbeten. Wer es nicht tut, soll auf der Stelle in den glühenden Ofen geworfen werden.‹ Da sind aber einige Juden, denen du die Verwaltung der Provinz Babylon anvertraut hast: Schadrach, Meschach und Abed-Nego. Diese Männer haben deinen Befehl missachtet. Sie erweisen deinem Gott keine Ehre und beten das goldene Standbild, das du errichten ließest, nicht an.«

Nebukadnezzar tobte vor Wut und befahl, Schadrach, Meschach und Abed-Nego zu holen. Sie wurden ihm vorgeführt und er fuhr sie an: »Stimmt das, was ich da gehört **147** habe? Ihr wollt meinem Gott nicht die Ehre geben und sein goldenes Standbild nicht anbeten? Wir werden es ja sehen! Wenn jetzt die Hörner, Flöten und Pfeifen, die Harfen, Lauten, Dudelsäcke und alle anderen Instrumente ertönen und ihr euch augenblicklich niederwerft und das Standbild anbetet, das ich habe machen lassen, dann soll die Sache erledigt sein. Wenn ihr es aber nicht tut, werdet ihr sofort in den glühenden Ofen geworfen. Welcher Gott sollte euch dann vor mir schützen?«

Schadrach, Meschach und Abed-Nego erwiderten dem König: »Wir haben es nicht nötig, dir etwas darauf zu antworten. Unser Gott, dem wir gehorchen, kann uns zwar aus dem glühenden Ofen und aus deiner Gewalt retten; aber auch wenn er das nicht tut: Deinen Gott werden wir niemals verehren und das goldene Standbild, das du errichtet hast, werden wir nicht anbeten.«

Da geriet Nebukadnezzar noch mehr in Wut und sein Gesicht verzerrte sich vor Zorn über Schadrach, Meschach und Abed-Nego. Er ließ den Ofen siebenmal so stark heizen wie sonst. Dann befahl er seinen kräftigsten Kriegsleuten, die drei zu fesseln und in den glühenden Ofen zu werfen.

Der Befehl wurde auf der Stelle ausgeführt und man warf sie mit allen ihren Kleidern, mit Hosen, Mänteln und Mützen, in den glühenden Ofen. Weil der Ofen auf Befehl des Königs so stark geheizt worden war, wurden die Männer, die die drei hinaufbrachten, von den herausschlagenden Flammen getötet. Schadrach, Meschach und Abed-Nego fielen gefesselt mitten in die Glut.

148

König Nebukadnezzar aber erschrak, sprang auf und fragte seine Minister: »Haben wir nicht drei Männer gefesselt ins Feuer geworfen?«

»So ist es, König!«, erwiderten sie.

»Aber ich sehe doch vier im Feuer umhergehen!«, rief der König. »Sie sind frei von Fesseln und die Flammen können ihnen nichts anhaben. Der vierte sieht aus wie ein Engel!« Nebukadnezzar trat an die Tür des glühenden Ofens und rief: »Schadrach, Meschach und Abed-Nego, ihr Diener des höchsten Gottes, kommt heraus!«

Da kamen die drei aus dem Ofen. Die Provinzstatthalter, die Militärbefehlshaber, die Unterstatthalter und die Ratgeber des Königs liefen herbei und überzeugten sich davon, dass die Flammen ihnen nicht den geringsten Schaden zugefügt hatten. Das Haar auf ihrem Kopf war nicht versengt, ihre Kleidung war unversehrt, nicht einmal Brandgeruch war an ihnen wahrzunehmen.

Da rief Nebukadnezzar: »Gepriesen sei der Gott Schadrachs, Meschachs und Abed-Negos! Er hat seinen Engel gesandt, um diese Männer zu retten, die ihm gehorcht und auf ihn vertraut haben. Sie haben sich meinem Befehl widersetzt und ihr Leben gewagt, weil sie keinen anderen Gott verehren und anbeten wollten außer dem ihren. Darum erlasse ich den Befehl an alle Völker, an die Menschen aus allen Nationen und Sprachen in meinem Reich: ›Wer den Gott Schadrachs, Meschachs und Abed-Negos schmäht, wird in Stücke gehauen und sein Haus wird in einen Schutthaufen verwandelt. Denn es gibt keinen anderen Gott, der aus solch einer Lage retten kann.‹«

Der König sorgte dafür, dass Schadrach, Meschach und Abed-Nego eine noch höhere Stellung in der Provinz Babylon erhielten.

Ein staatlich geplanter Genozid
Xerxes, Haman und Ester

Auch in späterer biblischer Zeit wurde das Volk Israel Opfer staatlicher Verfolgung, wovon ausführlich das Esterbuch erzählt. Es spielt um 480 v. Chr. nach dem Ende der babylonischen Herrschaft unter dem persischen König Xerxes. Kyrus, einer der Vorgänger von Xerxes, hatte den von den Babyloniern verschleppten Israeliten 538 v. Chr. die Heimkehr in ihr Land erlaubt. Dennoch waren viele Juden im Exil geblieben, wo sie innerhalb von drei Jahrzehnten Wurzeln geschlagen hatten. Wegen ihrer eigenen religiösen Überlieferung und Praxis trafen sie in dieser Umgebung allerdings oft auf Widerspruch und Ablehnung, die sich teilweise bis zur grausamen Verfolgung steigerten.

Das Esterbuch erzählt vom Plan des persischen Ministers Haman, die Juden im Reich des Xerxes gänzlich auszurotten. Grund dafür ist die Verletzung von Hamans Eitelkeit durch die Gottestreue des Juden Mordechai. **150** Haman besorgt sich für sein Vorhaben eine Vollmacht des Königs. Doch der frommen Jüdin Ester, einer Nichte Mordechais, die der König in Unwissenheit um ihre Volkszugehörigkeit zur Frau genommen hat, gelingt es mit Mut und Klugheit, den verbrecherischen Plan zu vereiteln. Im Stile einer Agentin entlarvt sie Haman als Volksverhetzer und gewinnt die Unterstützung des Königs für ihr Volk. Auch wenn von Gott dabei wie im ganzen Ester-Buch nie ausdrücklich die Rede ist, zeigt ihr Erfolg doch die Spuren von dessen Wirken im Verborgenen. (Ester 3,1–8,17)

Einige Zeit später erhob König Xerxes Haman, den Sohn von Hammedata, einen Nachkommen von Agag, zu seinem ersten Minister. Alle königlichen Beamten in der Torhalle des Palastbezirks knieten vor Haman nieder und beugten sich tief vor ihm, wie der König es befohlen hatte. Mordechai aber blieb stehen und verbeugte sich nicht.

Die Leute des Königs fragten ihn: »Warum gehorchst du nicht dem Befehl des Königs?«

»Weil ich Jude bin«, sagte er.

Tag für Tag setzten sie ihm zu, Haman diese Ehre zu erweisen; aber Mordechai hörte nicht darauf. Da gingen sie hin und zeigten ihn bei Haman an, denn sie wollten sehen, was er zu Mordechais Begründung sagen würde.

Haman war wütend, als man ihn darauf hinwies, dass Mordechai sich nicht vor ihm niederwarf. Aber es war ihm zu wenig, nur ihn selbst zu bestrafen, und da sie ihm gesagt hatten, dass Mordechai zum jüdischen Volk gehörte, be-

151

schloss er, alle Juden im Persischen Reich, das ganze Volk von Mordechai, auszurotten.

Im ersten Monat des zwölften Regierungsjahres des Königs Xerxes, dem Monat Nisan, wurde auf Anordnung Hamans für alle Tage des Jahres bis hinein in den zwölften Monat, den Monat Adar, das Pur – das ist das Los – geworfen. Auf diese Weise wollte Haman den günstigsten Zeitpunkt für sein Unternehmen herausfinden. Danach sagte er zum König: »Es gibt ein Volk in deinem Reich, das über alle Provinzen zerstreut lebt und sich von den anderen Völkern absondert. Seine Bräuche sind anders als die aller anderen Völker und die königlichen Gesetze befolgt es nicht. Das kann sich der König nicht bieten lassen. Wenn der König einverstanden ist, soll der Befehl erlassen werden, sie zu töten. Ich werde dann in der Lage sein, den Verwaltern der Staatskasse 10 000 Zentner Silber auszuhändigen.«

Der König zog seinen Siegelring vom Finger, gab ihn dem Judenfeind Haman und sagte zu ihm: »Ihr Silber überlasse ich dir! Und mit ihnen selbst kannst du machen, was du willst!«

Am 13. Tag des 1. Monats ließ Haman die Schreiber des Königs zusammenrufen und diktierte ihnen einen Erlass an die Reichsfürsten, an die Statthalter der Provinzen und an die Fürsten der einzelnen Völker, jeweils in der Schrift und Sprache des betreffenden Landes. Der Erlass war als Schreiben des Königs abgefasst und mit dessen Siegelring gesiegelt. Er wurde durch Kuriere in alle Provinzen des Reiches gebracht und enthielt den Befehl:

»Alle Juden – Männer, Frauen und Kinder – sollen an einem einzigen Tag, dem 13. Tag des 12. Monats, des Monats Adar, erschlagen, ermordet, ausgerottet werden. Ihr Besitz ist zur Plünderung freigegeben.«

In jeder Provinz sollte der Erlass öffentlich bekannt gemacht werden, sodass sich alle für diesen Tag rüsten konnten.

Auf Anordnung des Königs machten sich die Kuriere eiligst auf den Weg. Auch im Palastbezirk von Susa wurde der Erlass bekannt gemacht. Darauf ließen sich der König und Haman zu einem Trinkgelage nieder. Die ganze Stadt aber geriet in große Aufregung.

Als Mordechai erfuhr, was vorgefallen war, zerriss er sein Gewand, band sich den Sack um und streute sich Asche auf den Kopf. So ging er durch die Stadt und stieß laute, durchdringende Klagerufe aus. Er kam bis vor den Palastbezirk, den er jedoch im Trauerschurz nicht betreten durfte.

Auch in allen Provinzen herrschte unter den Juden große Trauer, nachdem der königliche Erlass dort eingetroffen war. Sie fasteten, weinten und klagten und viele saßen im Sack in der Asche.

Die Dienerinnen und Diener Esters berichteten ihrer Herrin von Mordechais Trauer. Ester war ganz erschrocken und ließ Mordechai Kleider bringen, damit er den Sack ablegen und zu ihr in den Palast kommen konnte. Aber er wollte ihn nicht ausziehen.

Da schickte Ester den Eunuchen Hatach, den der König ihr als Diener gegeben hatte, zu Mordechai hinaus. Er sollte **153** ihr berichten, warum Mordechai sich so auffallend verhielt. Hatach ging zu Mordechai auf den großen Platz vor dem Palastbezirk. Mordechai erzählte ihm alles, was geschehen war, und nannte ihm auch die Geldsumme, die Haman dem König für seine Staatskasse versprochen hatte, wenn er die Juden umbringen dürfte. Er gab ihm eine Abschrift des königlichen Erlasses, in dem die Ausrottung der Juden befohlen wurde. Er sollte sie Ester zeigen und sie dringend auffordern, zum König zu gehen und für ihr Volk um Gnade zu bitten.

Hatach berichtete Ester alles, was Mordechai ihm aufgetragen hatte. Ester aber schickte den Eunuchen noch einmal zu Mordechai und ließ ihm sagen: »Alle, die im Dienst des Königs stehen, und alle seine Untertanen in den Provinzen des Reiches kennen das unverbrüchliche Gesetz: Wer ungerufen, ob Mann oder Frau, zum König in den inneren Hof des Palastes geht, muss sterben. Nur wenn der König ihm das goldene Zepter entgegenstreckt, wird er am Leben gelassen. Mich hat der König jetzt schon dreißig Tage nicht mehr zu sich rufen lassen.«

Mordechai schickte Ester die Antwort: »Denk nur nicht, dass du im Königspalast dein Leben retten kannst, wenn alle anderen Juden umgebracht werden! Wenn du in dieser Stunde schweigst, wird den Juden von anderswo her Hilfe und Rettung kommen. Aber du und deine Familie, ihr habt dann euer Leben verwirkt und werdet zugrunde gehen. Wer weiß, ob du nicht genau um dieser Gelegenheit willen **154** zur Königin erhoben worden bist?«

Da ließ Ester Mordechai die Antwort bringen: »Geh und rufe alle Juden in Susa zusammen! Haltet ein Fasten für mich. Drei Tage lang sollt ihr nichts essen und nichts trinken, auch nicht bei Nacht; und ich werde zusammen mit meinen Dienerinnen dasselbe tun. Dann gehe ich zum König, auch wenn es gegen das Gesetz ist. Komme ich um, so komme ich um!«

Mordechai ging und tat, was Ester ihm aufgetragen hatte.

Dann am dritten Tag legte Ester die königlichen Gewänder an und ging in den inneren Hof des Palastes, der direkt vor dem Thronsaal liegt. Der König saß gerade auf seinem Thron, der offenen Saaltür gegenüber. Da sah er auf einmal Königin Ester im Hof stehen. Aber sie fand seine Gunst und er streckte ihr das goldene Zepter entgegen, das er in der Hand hielt.

Ester trat heran und berührte die Spitze des Zepters. Der König fragte sie: »Was führt dich her, Königin Ester? Was ist dein Wunsch? Ich gewähre dir alles, bis zur Hälfte meines Königreiches!«

Ester antwortete: »Mein König, wenn es dir recht ist, dann komm doch heute mit Haman zu dem Mahl, das ich für dich vorbereitet habe.«

»Schnell, holt Haman herbei«, rief der König, »damit wir Esters Einladung folgen!«

So kam der König mit Haman zu Esters Mahl.

Beim Wein fragte er sie: »Was ist nun dein Wunsch? Ich erfülle ihn dir! Fordere, was du willst, bis zur Hälfte meines Königreiches!«

Ester antwortete: »Ich habe eine große Bitte: Wenn ich deine Gunst, mein König, gefunden habe und wenn du so gnädig bist, mir meinen Wunsch zu erfüllen, dann komm doch auch morgen mit Haman zu dem Mahl, das ich für dich vorbereiten werde. Dann will ich dir meinen Wunsch sagen.«

Haman war in bester Laune, als er von dem Mahl bei der Königin nach Hause ging. Doch im Tor kam er an Mordechai vorbei, der nicht vor ihm aufstand und ihm nicht die geringste Ehrerbietung erwies. Haman wurde von Wut gepackt, aber er ging weiter.

Zu Hause rief er seine Freunde und seine Frau Seresch. Er prahlte vor ihnen mit seinem Reichtum und der großen Zahl seiner Söhne und strich voll Stolz heraus, wie der König ihn ausgezeichnet und über alle anderen Fürsten und Minister gestellt habe. »Und die Königin Ester«, fuhr er fort, »hat zu dem Mahl, das sie veranstaltet hat, außer dem König nur noch mich eingeladen und auch morgen soll ich zusammen mit dem König bei ihr essen. Aber das alles ist mir vergällt, solange ich den Juden Mordechai im Tor des Palastbezirks sitzen sehe!«

Da rieten ihm seine Frau und seine Freunde: »Lass einen Galgen errichten, zwanzig Meter hoch, und lass dir vom König die Erlaubnis geben, Mordechai daran aufzuhängen. Danach kannst du unbeschwert mit dem König zum festlichen Mahl gehen.«

Haman fand den Vorschlag ausgezeichnet und gab sofort
Befehl, den Galgen aufzurichten.

Der König konnte in dieser Nacht nicht schlafen, deshalb
ließ er die Chronik bringen, in der die wichtigen Ereignisse
seiner Regierungszeit aufgeschrieben waren. Man las dem
König daraus vor und kam dabei zu der Stelle, wo berichtet
wurde, wie Mordechai die Verschwörung der königlichen
Torwächter Bigtan und Teresch aufgedeckt und König
Xerxes das Leben gerettet hatte. Der König fragte: »Was für
eine Belohnung, was für eine Auszeichnung hat Mordechai
dafür erhalten?«

»Keine«, antworteten die Diener des Königs.

»Wer ist da draußen im Hof?«, fragte der König.

Eben in diesem Augenblick war nämlich Haman in den
äußeren Hof des Palastes getreten. Er wollte sich vom
König die Erlaubnis erbitten, Mordechai an den Galgen zu
hängen, den er errichtet hatte.

Die Diener antworteten dem König: »Es ist Haman, der da
draußen steht.«

»Ruft ihn herein«, befahl der König.

Als Haman eintrat, fragte der König ihn: »Was kann ein
König für jemand tun, dem er eine besondere Ehre erweisen will?«

Haman dachte: »Da kann nur ich gemeint sein; wen sonst
sollte der König besonders ehren wollen?« Deshalb antwortete er: »Für den Mann, dem der König eine besondere
Ehre erweisen will, soll man ein kostbares Gewand bringen, das sonst der König selbst trägt, und ein Pferd mit dem
königlichen Schmuck am Zaumzeug, das sonst der König
selbst reitet. Man soll Pferd und Gewand einem der höchs- **157**

ten Würdenträger des Königs übergeben, damit dieser den Mann, den der König ehren will, königlich kleidet und ihn auf dem Pferd des Königs über den großen Platz der Stadt führt. Dabei soll er vor dem zu Ehrenden hergehen und ausrufen: ›So handelt der König an dem Mann, dem er eine besondere Ehre erweisen will!‹«

Da sagte der König zu Haman: »Nimm schnell ein Gewand und ein Pferd, wie du sie beschrieben hast! Ehre den Juden Mordechai, der in der Torhalle des Palastbezirks sitzt, so wie du es vorgeschlagen hast! Du musst alles genauso ausführen und darfst nichts auslassen.«

Haman folgte dem Befehl des Königs, kleidete Mordechai königlich, führte ihn auf dem Pferd des Königs über den großen Platz und rief vor ihm aus: »So handelt der König an dem Mann, dem er eine besondere Ehre erweisen will!«

Danach kehrte Mordechai an seinen Platz im Tor des Palastbezirks zurück. Haman aber eilte völlig verstört, mit verhülltem Gesicht, nach Hause. Dort erzählte er seiner Frau und allen seinen Freunden, was geschehen war. Diese seine klugen Ratgeber sagten zu ihm: »Wenn Mordechai, mit dem dir das passiert ist, zum Volk der Juden zählt, dann kannst du aufgeben. Dein Untergang ist besiegelt.«

Noch während sie das sagten, kamen die Diener des Königs, um Haman zum Mahl bei der Königin abzuholen. Der König und Haman fanden sich dort ein. Beim Wein richtete der König an Ester dieselbe Frage wie am Tag zuvor: »Was ist nun dein Wunsch, Königin Ester? Ich erfülle ihn dir! **158** Fordere, was du willst, bis zur Hälfte meines Königreiches!«

Die Königin antwortete ihm: »Wenn ich deine Gunst, mein König, gefunden habe und du mir eine Bitte erlauben willst, dann flehe ich um mein Leben und um das Leben meines Volkes. Man hat uns verkauft, mich und mein Volk; man will uns töten, morden, ausrotten! Würden wir nur der Freiheit beraubt und als Sklaven verkauft, so hätte ich geschwiegen und den König nicht damit belästigt.«

Da sagte König Xerxes, und er wandte sich dabei an die Königin Ester: »Wer wagt so etwas? Wo ist der Mann, der so schändliche Pläne ausheckt?«

Ester antwortete: »Unser Todfeind ist dieser böse Haman hier!«

Haman blickte entsetzt auf den König und die Königin. Voll Zorn stand der König von der Tafel auf und ging in den Schlosspark hinaus. Haman trat auf Königin Ester zu und flehte um sein Leben. Er spürte, dass der König schon seinen Tod beschlossen hatte.

Als der König wieder in den Saal trat, fand er Haman kniend vor dem Polster, auf dem Ester lag. Empört rief er: »Jetzt tut er sogar der Königin Gewalt an, und das in meinem Palast!«

Kaum war das Wort aus dem Mund des Königs, da verhüllten schon die Diener das Gesicht Hamans. Einer der königlichen Eunuchen, Harbona, sagte: »Da ist doch noch der Galgen, den Haman für Mordechai, den Retter des Königs, errichten ließ! Er steht auf Hamans eigenem Grundstück, er ist zwanzig Meter hoch.«

»Hängt Haman daran auf!«, befahl der König.   **159**

So wurde Haman an den Galgen gehängt, den er selbst für Mordechai bestimmt hatte. Darauf legte sich der Zorn des Königs.

Noch am selben Tag schenkte König Xerxes der Königin Ester das Haus und den Besitz des Judenfeindes Haman. Er ließ Mordechai zu sich rufen; denn Ester hatte ihm berichtet, dass er ihr Pflegevater sei. Der König zog seinen Siegelring, den er Haman wieder abgenommen hatte, von der Hand und überreichte ihn Mordechai. Ester machte Mordechai zum Verwalter von Hamans Besitz.

Noch einmal wandte sich Ester an den König. Sie warf sich vor seinem Thron nieder, weinte und flehte ihn an, die Ausführung des Verbrechens zu verhüten, das Haman, dieser typische Nachfahre Agags, gegen die Juden geplant hatte.

Der König streckte ihr sein goldenes Zepter entgegen, da stand sie auf, trat vor ihn und sagte: »Wenn es dem König recht ist, wenn ich seine Gunst gefunden habe, wenn er mir wohlwill und mein Vorschlag ihm gefällt, dann veranlasse der König, dass der Erlass widerrufen wird, den der Agagsnachkomme Haman, der Sohn von Hammedata, aufgesetzt hat, um die Juden in allen Provinzen des Reiches auszurotten. Ich kann es nicht mit ansehen, wie das Unheil seinen Lauf nimmt und mein eigenes Volk vernichtet wird.«

König Xerxes antwortete Königin Ester und dem Juden Mordechai: »Ich habe Ester den ganzen Besitz Hamans geschenkt und ihn selbst an den Galgen hängen lassen, weil er die Juden vernichten wollte. Aber ein Erlass, der im

Namen des Königs abgefasst und mit seinem Siegelring gesiegelt ist, lässt sich nicht zurücknehmen. Ihr könnt jedoch in meinem Namen und unter meinem Siegel eine weitere Verfügung erlassen, um die Juden zu retten. Tut, was ihr für richtig haltet!«

Mordechai ließ die Schreiber des Königs zusammenrufen – es war am 23. Tag des 3. Monats, des Monats Siwan – und diktierte ihnen einen Erlass an die Juden im ganzen Reich sowie an die Reichsfürsten und die Statthalter und obersten Beamten aller 127 Provinzen von Indien bis Äthiopien, jeweils in der Schrift und Sprache des betreffenden Landes und auch für die Juden in ihrer eigenen Schrift und Sprache. Der Erlass war im Namen des Königs abgefasst; er wurde mit dem königlichen Siegel versehen und durch berittene Boten auf den schnellsten Kurierpferden in alle Provinzen geschickt. Er enthielt die Verfügung: »Der König erlaubt den Juden in allen Städten seines Reiches, sich zum Schutz ihres Lebens zusammenzutun und alle zu töten, zu vernichten und auszurotten, die ihnen und ihren Frauen und Kindern Gewalt antun wollen – und zwar überall im Reich, wo das vorkommt, unter allen Völkern und in allen Provinzen. Der Besitz ihrer Feinde wird den Juden zur Plünderung freigegeben. Diese Erlaubnis gilt für ein und denselben Tag in allen Provinzen des Reiches, nämlich den 13. Tag des 12. Monats, des Monats Adar.«

In jeder Provinz sollte dieser Erlass öffentlich bekannt gemacht werden und die Juden sollten sich für diesen Tag rüsten, um sich an ihren Feinden zu rächen.

161

In höchster Eile und auf den besten königlichen Kurierpferden machten sich die Boten mit der Anordnung des Königs auf den Weg. Auch im Palastbezirk von Susa wurde der königliche Erlass bekannt gemacht. Darauf trat Mordechai aus dem Palastbezirk, gekleidet, wie es seiner hohen Stellung entsprach. Er trug ein Gewand in violetter und weißer Farbe, einen Mantel aus feinem weißem Leinen und purpurrotem Wollstoff und dazu eine große goldene Krone. Die Bewohner von Susa jubelten ihm zu.

Die Juden der Stadt waren von Glück und Freude erfüllt und genossen die Ehre, die ihnen von allen Seiten erwiesen wurde. Auch überall in den Provinzen, in jeder Stadt, in der der Erlass des Königs eintraf, herrschte unter den Juden Freude und Jubel und sie feierten das Ereignis mit Festtagen und fröhlichen Gelagen. Von den Nichtjuden gerieten viele in große Furcht und traten zum Judentum über.

Organisiertes Massaker an Säuglingen
Der Kindermord des Herodes

Ähnlich wie Mose entgeht nach der Erzählung des Matthäus-Evangeliums auch Jesus als Säugling nur knapp einem Massenmord. Als der politische Herrscher in Jerusalem, König Herodes, von einem in Betlehem neugeborenen König der Juden erfährt, fürchtet er den heraufziehenden Machtanspruch eines Konkurrenten und

162

befiehlt, alle Kinder dieser Stadt und ihrer Umgebung, die jünger als zwei Jahre sind, umzubringen. Jesus wird vor diesem Anschlag auf Gottes Geheiß ausgerechnet nach Ägypten in Sicherheit gebracht, wo der Säuglingsmord nach biblischer Überlieferung eine traurige Tradition hat. Die Kinder von Betlehem fallen dem Massaker zum Opfer. In dieser grausamen Kriminalgeschichte, in der der Täter unbehelligt bleibt, klingt bereits ein Leitthema des Matthäus-Evangeliums an: die Ablehnung und Verfolgung, die Jesus als der Messias erfährt, und das Elend, das dadurch über das eigene Volk, das Volk Gottes gebracht wird. Dieses Motiv zieht sich wie ein roter Faden durch das Evangelium und spitzt sich am Ende, in der Passion Jesu, dramatisch zu. (Matthäus 2,1-18)

Jesus wurde in Betlehem in Judäa geboren, zur Zeit, als König Herodes das Land regierte. Bald nach seiner Geburt kamen Sterndeuter aus dem Osten nach Jerusalem und fragten: »Wo finden wir den neugeborenen König der Juden? Wir haben seinen Stern aufgehen sehen und sind gekommen, um uns vor ihm niederzuwerfen.«

Als König Herodes das hörte, erschrak er und mit ihm ganz Jerusalem. Er ließ alle führenden Priester und Gesetzeslehrer im Volk Gottes zu sich kommen und fragte sie: »Wo soll der versprochene Retter geboren werden?«

Sie antworteten: »In Betlehem in Judäa. Denn so hat der Prophet geschrieben: ›Du Betlehem im Land Juda! Du bist keineswegs die unbedeutendste unter den führenden **163**

Städten in Juda, denn aus dir wird der Herrscher kommen, der mein Volk Israel schützen und leiten soll.«

Daraufhin rief Herodes die Sterndeuter heimlich zu sich und fragte sie aus, wann sie den Stern zum ersten Mal gesehen hätten. Dann schickte er sie nach Betlehem und sagte: »Geht und erkundigt euch genau nach dem Kind, und wenn ihr es gefunden habt, gebt mir Nachricht! Dann will ich auch hingehen und mich vor ihm niederwerfen.«

Nachdem sie vom König diesen Bescheid erhalten hatten, machten sich die Sterndeuter auf den Weg. Und der Stern, den sie schon bei seinem Aufgehen beobachtet hatten, ging ihnen voraus. Genau über der Stelle, wo das Kind war, blieb er stehen. Als sie den Stern sahen, kam eine große Freude über sie. Sie gingen in das Haus und fanden das Kind mit seiner Mutter Maria. Da warfen sie sich vor ihm zu Boden und ehrten es als König. Dann holten sie die Schätze hervor, die sie mitgebracht hatten, und legten sie vor ihm nieder: Gold, Weihrauch und Myrrhe.

In einem Traum befahl ihnen Gott, nicht wieder zu Herodes zu gehen. So zogen sie auf einem anderen Weg in ihr Land zurück.

Nachdem die Sterndeuter wieder gegangen waren, erschien dem Josef im Traum der Engel des Herrn und sagte: »Steh auf, nimm das Kind und seine Mutter und flieh nach Ägypten! Bleib dort, bis ich dir sage, dass du wieder zurückkommen kannst. Herodes wird nämlich das Kind **164** suchen, weil es es umbringen will.«

Da stand Josef auf, mitten in der Nacht, nahm das Kind und seine Mutter und floh mit ihnen nach Ägypten. Dort lebten sie bis zum Tod von Herodes. So sollte in Erfüllung gehen, was der Herr durch den Propheten angekündigt hatte: »Aus Ägypten habe ich meinen Sohn gerufen.«

Als Herodes merkte, dass die Sterndeuter ihn hintergangen hatten, wurde er sehr zornig. Er befahl, in Betlehem und Umgebung alle kleinen Jungen bis zu zwei Jahren zu töten. Das entsprach der Zeitspanne, die er aus den Angaben der Sterndeuter entnommen hatte. So sollte in Erfüllung gehen, was Gott durch den Propheten Jeremia angekündigt hatte: »In Rama hört man Klagerufe und bitteres Weinen: Rahel weint um ihre Kinder und will sich nicht trösten lassen; denn sie sind nicht mehr da.«

Leser, übernehmen Sie!

Der Fall Jesus

Als Kriminalgeschichte mit langer Einleitung könnte man mit einigem Recht die vier Evangelien des Neuen Testaments bezeichnen. Denn am Ende dieser Erzählungen ist die Hauptperson Jesus getötet und die Frage nach Recht und Schuld in seinem Fall gestellt. Ob es sich um ein Justizverbrechen oder um die gesetzlich gerechtfertigte Hinrichtung eines Aufrührers und Gotteslästerers handelt, muss entschieden werden. Dazu hilft es, die Ereignisse noch einmal Revue passieren zu lassen. Wie kam es zu diesem Ende? Wer hat in welcher Weise dazu beigetragen? Lässt sich entscheiden, wer im Recht war? Man hört, es habe einen V-Mann der Obersten Priester in der Anhängerschaft Jesu gegeben. Wie ist seine Rolle einzuschätzen? Gab es ein ordnungsgemäßes Gerichtsverfahren? Wer fällte das Todesurteil und warum? Fragen über Fragen. Es ist an Ihnen, die Ermittlungen aufzunehmen! (Markus 14,1–16,20)

Es waren noch zwei Tage bis zum Passafest und dem Fest der Ungesäuerten Brote. Die führenden Priester und die Gesetzeslehrer suchten nach einer Möglichkeit, Jesus heimlich zu verhaften und umzubringen. »Auf keinen Fall darf es während des Festes geschehen«, sagten sie, »sonst gibt es einen Aufruhr im Volk.«

Jesus war in Betanien bei Simon, dem Aussätzigen, zu Gast. Während des Essens kam eine Frau herein. Sie hatte ein Fläschchen mit reinem, kostbarem Nardenöl. Das öffnete sie und goss Jesus das Öl über den Kopf. Einige der Anwesenden waren empört darüber. »Was soll diese Verschwendung?«, sagten sie zueinander. »Dieses Öl hätte man für mehr als dreihundert Silberstücke verkaufen und das Geld den Armen geben können!«

Sie machten der Frau heftige Vorwürfe. Aber Jesus sagte: »Lasst sie in Ruhe! Warum bringt ihr sie in Verlegenheit? Sie hat eine gute Tat an mir getan. Arme wird es immer bei euch geben und ihr könnt ihnen helfen, sooft ihr wollt. Aber mich habt ihr nicht mehr lange bei euch. Sie hat getan, was sie jetzt noch tun konnte: Sie hat meinen Körper im Voraus für das Begräbnis gesalbt. Ich versichere euch: Überall in der Welt, wo in Zukunft die Gute Nachricht verkündet wird, wird auch berichtet werden, was sie getan hat. Ihr Andenken wird immer lebendig bleiben.«

Darauf ging Judas Iskariot, einer aus dem Kreis der Zwölf, zu den führenden Priestern, um ihnen Jesus in die Hände zu spielen. Sie freuten sich darüber und versprachen ihm **167**

Geld. Von da an suchte Judas eine günstige Gelegenheit, Jesus zu verraten.

Es kam der erste Tag der Festwoche, während der ungesäuertes Brot gegessen wird, der Tag, an dem die Passalämmer geschlachtet werden. Da fragten die Jünger Jesus: »Wo sollen wir für dich das Passamahl vorbereiten?«

Jesus schickte zwei von ihnen mit dem Auftrag weg: »Geht in die Stadt! Dort werdet ihr einen Mann treffen, der einen Wasserkrug trägt. Folgt ihm, bis er in ein Haus hineingeht, und sagt dem Hausherrn dort: ›Unser Lehrer lässt fragen: Welchen Raum kannst du mir zur Verfügung stellen, dass ich dort mit meinen Jüngern das Passamahl feiere?‹ Dann wird er euch ein großes Zimmer im Obergeschoss zeigen, das mit Polstern ausgestattet und schon zur Feier hergerichtet ist. Dort bereitet alles für uns vor.«

Die beiden gingen in die Stadt. Sie fanden alles so, wie Jesus es ihnen gesagt hatte, und bereiteten das Passamahl vor.

Als es Abend geworden war, kam Jesus mit den Zwölf dorthin. Während der Mahlzeit sagte er: »Ich versichere euch: Einer von euch wird mich verraten – einer, der jetzt mit mir isst.«

Sie waren bestürzt, und einer nach dem andern fragte ihn: »Du meinst doch nicht mich?«

Jesus antwortete: »Einer von euch zwölf wird es tun; einer, der sein Brot mit mir in dieselbe Schüssel taucht. Der Menschensohn muss zwar sterben, wie es in den Heiligen **168** Schriften angekündigt ist. Aber wehe dem Menschen, der den Menschensohn verrät! Er wäre besser nie geboren worden!«

Während der Mahlzeit nahm Jesus ein Brot, sprach das Segensgebet darüber, brach es in Stücke und gab es ihnen mit den Worten: »Nehmt, das ist mein Leib!«

Dann nahm er den Becher, sprach darüber das Dankgebet, gab ihnen auch den, und alle tranken daraus. Dabei sagte er zu ihnen: »Das ist mein Blut, das für alle Menschen vergossen wird. Mit ihm wird der Bund in Kraft gesetzt, den Gott jetzt mit den Menschen schließt. Ich sage euch: Ich werde keinen Wein mehr trinken, bis ich ihn neu trinken werde an dem Tag, an dem Gott sein Werk vollendet hat!«

Dann sangen sie die Dankpsalmen und gingen hinaus zum Ölberg. Unterwegs sagte Jesus zu ihnen: »Ihr werdet alle an mir irrewerden, denn es heißt: ›Ich werde den Hirten töten und die Schafe werden auseinander laufen.‹ Aber wenn ich vom Tod auferweckt worden bin, werde ich euch vorausgehen nach Galiläa.«

Petrus widersprach ihm: »Selbst wenn alle andern an dir irrewerden – ich nicht!«

Jesus antwortete: »Ich versichere dir: Heute, in dieser Nacht, bevor der Hahn zweimal kräht, wirst du mich dreimal verleugnen und behaupten, dass du mich nicht kennst.«

Da sagte Petrus noch bestimmter: »Und wenn ich mit dir sterben müsste, ich werde dich ganz bestimmt nicht verleugnen!«

Das Gleiche sagten auch alle andern.

169

Sie kamen zu einem Grundstück, das Getsemani hieß. Jesus sagte zu seinen Jüngern: »Bleibt hier sitzen, während ich beten gehe!«

Petrus, Jakobus und Johannes nahm er mit. Angst und Schrecken befielen ihn, und er sagte zu ihnen: »Ich bin so bedrückt, ich bin mit meiner Kraft am Ende. Bleibt hier und wacht!«

Dann ging er noch ein paar Schritte weiter und warf sich auf die Erde. Er betete zu Gott, dass er ihm, wenn es möglich wäre, diese schwere Stunde erspare. »Abba, Vater«, sagte er, »alles ist dir möglich! Erspare es mir, diesen Kelch trinken zu müssen! Aber es soll geschehen, was *du* willst, nicht was ich will.«

Dann kehrte er zu den Jüngern zurück und sah, dass sie eingeschlafen waren. Da sagte er zu Petrus: »Simon, du schläfst? Konntest du nicht eine einzige Stunde wach bleiben?«

Dann sagte er zu ihnen allen: »Bleibt wach und betet, damit ihr in der kommenden Prüfung nicht versagt. Der Geist in euch ist willig, aber eure menschliche Natur ist schwach.«

Noch einmal ging Jesus weg und betete mit den gleichen Worten wie vorher.

Als er zurückkam, schliefen sie wieder. Die Augen waren ihnen zugefallen, und sie wussten nicht, was sie ihm antworten sollten.

Als Jesus das dritte Mal zurückkam, sagte er zu ihnen: »Schlaft ihr denn immer noch und ruht euch aus? Genug jetzt, die Stunde ist da! Jetzt wird der Menschensohn an die Menschen, die Sünder, ausgeliefert. Steht auf, wir wollen gehen; er ist schon da, der mich verrät.«

Noch während Jesus das sagte, kam Judas, einer der Zwölf, mit einem Trupp von Männern, die mit Schwertern und Knüppeln bewaffnet waren. Sie waren von den führenden Priestern, den Gesetzeslehrern und den Ratsältesten geschickt worden. Der Verräter hatte mit ihnen ein Erkennungszeichen ausgemacht: »Wem ich einen Begrüßungskuss gebe, der ist es. Den nehmt fest und führt ihn unter Bewachung ab!«

Judas ging sogleich auf Jesus zu, begrüßte ihn mit »Rabbi!« und küsste ihn so, dass alle es sehen konnten. Da packten sie Jesus und nahmen ihn fest.

Aber einer von denen, die dabeistanden, zog sein Schwert, hieb auf den Bevollmächtigten des Obersten Priesters ein und schlug ihm ein Ohr ab.

Jesus sagte zu den Männern: »Warum rückt ihr hier mit Schwertern und Knüppeln an, um mich gefangen zu nehmen? Bin ich denn ein Verbrecher? Täglich war ich bei euch im Tempel und lehrte die Menschen, da habt ihr mich nicht festgenommen. Aber was in den Heiligen Schriften angekündigt wurde, muss in Erfüllung gehen.«

Da verließen ihn alle seine Jünger und flohen.

Ein junger Mann folgte Jesus; er war nur mit einem leichten Überwurf bekleidet. Ihn wollten sie auch festnehmen; aber er riss sich los, ließ sein Kleidungsstück zurück und rannte nackt davon.

171

Sie brachten Jesus zum Obersten Priester. Dort versammelten sich alle führenden Priester und alle Ratsältesten und Gesetzeslehrer.

Petrus folgte Jesus in weitem Abstand und kam bis in den Innenhof des Palastes. Dort saß er bei den Dienern und wärmte sich am Feuer.

Die führenden Priester und der ganze Rat versuchten, Jesus durch Zeugenaussagen zu belasten, damit sie ihn zum Tod verurteilen könnten; aber es gelang ihnen nicht. Es sagten zwar viele falsche Zeugen gegen Jesus aus, aber ihre Aussagen stimmten nicht überein.

Dann traten einige auf und behaupteten: »Wir haben ihn sagen hören: ›Ich werde diesen Tempel, der von Menschen erbaut wurde, niederreißen und werde in drei Tagen einen anderen bauen, der nicht von Menschen gemacht ist.‹« Aber auch ihre Aussagen widersprachen einander.

Da stand der Oberste Priester auf, trat in die Mitte und fragte Jesus: »Hast du nichts zu sagen zu dem, was diese beiden gegen dich vorbringen?«

Aber Jesus schwieg und sagte kein Wort.

Darauf fragte der Oberste Priester ihn: »Bist du Christus, der versprochene Retter, der Sohn Gottes?«

»Ich bin es«, sagte Jesus, »und ihr werdet den Menschensohn sehen, wie er an der rechten Seite des Allmächtigen sitzt und mit den Wolken des Himmels kommt!«

Da zerriss der Oberste Priester sein Gewand und sagte: »Was brauchen wir noch Zeugen? Ihr habt es selbst gehört, wie er Gott beleidigt hat. Wie lautet euer Urteil?«

Einstimmig erklärten sie, er habe den Tod verdient. Einige begannen, Jesus anzuspucken. Sie warfen ihm ein Tuch über den Kopf, sodass er nichts sehen konnte; dann schlugen sie ihn mit Fäusten und sagten: »Wer war es? Du bist doch ein Prophet!«

Dann nahmen ihn die Gerichtspolizisten vor und gaben ihm Ohrfeigen.

Petrus war noch immer unten im Hof. Eine Dienerin des Obersten Priesters kam vorbei. Als sie Petrus am Feuer bemerkte, sah sie ihn genauer an und meinte: »Du warst doch auch mit dem Jesus aus Nazaret zusammen!«

Petrus stritt es ab: »Ich habe keine Ahnung; ich weiß überhaupt nicht, wovon du redest!«

Dann ging er hinaus in die Vorhalle. In dem Augenblick krähte ein Hahn.

Die Dienerin entdeckte Petrus dort wieder und sagte zu den Umstehenden: »Der gehört auch zu ihnen!«

Aber er stritt es wieder ab.

Kurz darauf fingen die Umstehenden noch einmal an: »Natürlich gehörst du zu denen, du bist doch auch aus Galiläa!«

Aber Petrus schwor: »Gott soll mich strafen, wenn ich lüge! Ich kenne den Mann nicht, von dem ihr redet.«

In diesem Augenblick krähte der Hahn zum zweiten Mal, und Petrus erinnerte sich daran, dass Jesus zu ihm gesagt hatte: »Bevor der Hahn zweimal kräht, wirst du mich dreimal verleugnen und behaupten, dass du mich nicht kennst.« Da fing er an zu weinen. **173**

Früh am Morgen schließlich trafen die führenden Priester zusammen mit den Ratsältesten und Gesetzeslehrern – also der ganze jüdische Rat – die Entscheidung: Sie ließen Jesus fesseln, führten ihn ab und übergaben ihn dem Statthalter Pilatus.

Pilatus fragte Jesus: »Bist du der König der Juden?«

»Du sagst es«, gab Jesus zur Antwort.

Die führenden Priester brachten viele Beschuldigungen gegen ihn vor. Pilatus fragte ihn: »Willst du dich nicht verteidigen? Du hast ja gehört, was sie dir alles vorwerfen.«

Aber Jesus sagte kein einziges Wort. Darüber war Pilatus erstaunt.

Es war üblich, dass Pilatus zum Passafest einen Gefangenen begnadigte, den das Volk bestimmen durfte. Damals war gerade ein gewisser Barabbas im Gefängnis, zusammen mit anderen, die während eines Aufruhrs einen Mord begangen hatten. Die Volksmenge zog also zu Pilatus und bat für Barabbas um die übliche Begnadigung.

Pilatus erwiderte: »Soll ich euch nicht den König der Juden freigeben?«

Ihm wurde nämlich immer klarer, dass die führenden Priester Jesus nur aus Neid an ihn ausgeliefert hatten. Doch die führenden Priester redeten auf die Leute ein, sie sollten fordern, dass er ihnen lieber Barabbas freigebe. Da versuchte es Pilatus noch einmal und fragte sie: »Was soll ich dann mit dem anderen machen, den ihr den König der Juden nennt? Was wollt ihr?«

174 »Kreuzigen!«, schrien sie.

»Was hat er denn verbrochen?«, fragte Pilatus.

Aber sie schrien noch lauter: »Kreuzigen!«

Um die Menge zufrieden zu stellen, ließ Pilatus ihnen Barabbas frei und gab den Befehl, Jesus mit der Geißel auszupeitschen und zu kreuzigen.

Die Soldaten brachten Jesus in den Innenhof des Palastes, der dem Statthalter als Amtssitz diente, und riefen die ganze Mannschaft zusammen. Sie hängten ihm einen purpurfarbenen Mantel um, flochten eine Krone aus Dornenzweigen und setzten sie ihm auf. Dann fingen sie an, ihn zu grüßen: »Hoch lebe der König der Juden!« Sie schlugen ihn mit einem Stock auf den Kopf, spuckten ihn an, knieten vor ihm nieder und huldigten ihm wie einem König.

Nachdem sie so ihren Spott mit ihm getrieben hatten, nahmen sie ihm den Mantel wieder ab, zogen ihm seine eigenen Kleider wieder an und führten ihn hinaus, um ihn ans Kreuz zu nageln. Sie zwangen einen Mann, der gerade vorbeiging, für Jesus das Kreuz zu tragen. Es war Simon aus Zyrene, der Vater von Alexander und Rufus, der gerade vom Feld in die Stadt zurückkam.

Sie brachten Jesus an die Stelle, die Golgota heißt, das bedeutet übersetzt »Schädelplatz«. Dort wollten sie ihm Wein mit einem betäubenden Zusatz zu trinken geben; aber Jesus nahm nichts davon. Sie nagelten ihn ans Kreuz und verteilten dann untereinander seine Kleider. Durch das Los bestimmten sie, was jeder bekommen sollte.

Es war neun Uhr morgens, als sie ihn kreuzigten. Als Grund für seine Hinrichtung hatte man auf ein Schild geschrieben: »Der König der Juden!« Zugleich mit Jesus kreuzigten sie zwei Verbrecher, einen links und einen rechts von ihm.

Die Leute, die vorbeikamen, schüttelten den Kopf und verhöhnten Jesus: »Ha! Du wolltest den Tempel niederreißen und in drei Tagen einen neuen bauen! Dann befreie dich doch und komm herunter vom Kreuz!«

Genauso machten sich die führenden Priester und die Gesetzeslehrer über ihn lustig. »Anderen hat er geholfen«, spotteten sie, »aber sich selbst kann er nicht helfen! Wenn er der versprochene Retter ist, der König von Israel, dann soll er doch jetzt vom Kreuz herunterkommen! Wenn wir das sehen, werden wir ihm glauben.«

Auch die beiden, die mit ihm gekreuzigt waren, beschimpften ihn.

Um zwölf Uhr mittags verfinsterte sich der Himmel über dem ganzen Land. Das dauerte bis um drei Uhr. Gegen drei Uhr schrie Jesus: »Eloï, eloï, lema sabachtani?« – das heißt übersetzt: »Mein Gott, mein Gott, warum hast du mich verlassen?«

Einige von denen, die dabeistanden und es hörten, sagten: »Der ruft nach Elija!«

Einer holte schnell einen Schwamm, tauchte ihn in Essig, steckte ihn auf eine Stange und wollte Jesus trinken lassen. Dabei sagte er: »Lasst mich machen! Wir wollen doch sehen, ob Elija kommt und ihn herunterholt.«

Aber Jesus schrie laut auf und starb. Da zerriss der Vorhang **176** vor dem Allerheiligsten im Tempel von oben bis unten.

Der römische Hauptmann aber, der dem Kreuz gegenüberstand und miterlebte, wie Jesus aufschrie und starb,
sagte: »Dieser Mensch war wirklich Gottes Sohn!«

Auch einige Frauen waren da, die alles aus der Ferne beobachteten, unter ihnen Maria aus Magdala und Maria, die
Mutter von Jakobus dem Jüngeren und von Joses, sowie
Salome. Schon während seines Wirkens in Galiläa waren
sie Jesus gefolgt und hatten für ihn gesorgt. Außer ihnen
waren noch viele andere Frauen da, die mit Jesus nach
Jerusalem gekommen waren.

Weil es ein Freitag war, der Vorbereitungstag für den Sabbat, und weil es schon Abend wurde, wagte Josef von Arimathäa, zu Pilatus zu gehen und ihn um den Leichnam
von Jesus zu bitten. Josef war ein hoch geachtetes Ratsmitglied und einer von denen, die auch darauf warteten, dass
Gott seine Herrschaft aufrichte.

Pilatus war erstaunt zu hören, dass Jesus schon gestorben
sei. Er ließ sich daher von dem Hauptmann Bericht erstatten und fragte ihn, ob es sich so verhalte. Als der Hauptmann es ihm bestätigte, überließ er Josef den Leichnam.

Josef kaufte ein Leinentuch, nahm Jesus vom Kreuz und
wickelte ihn in das Tuch. Dann legte er ihn in ein Grab, das
in einen Felsen gehauen war, und rollte einen Stein vor den
Grabeingang. Maria aus Magdala und Maria, die Mutter
von Joses, sahen sich genau an, wo Jesus bestattet worden
war.

Am Abend, als der Sabbat vorbei war, kauften Maria aus
Magdala und Maria, die Mutter von Jakobus, und Salome   **177**

wohlriechende Öle, um den Toten damit zu salben. Ganz früh am Sonntagmorgen, als die Sonne gerade aufging, kamen sie zum Grab. Unterwegs hatten sie noch zueinander gesagt: »Wer wird uns den Stein vom Grabeingang wegrollen?« Denn der Stein war sehr groß. Aber als sie hinsahen, bemerkten sie, dass er schon weggerollt worden war.

Sie gingen in die Grabkammer hinein und sahen dort auf der rechten Seite einen jungen Mann in einem weißen Gewand sitzen. Sie erschraken sehr. Er aber sagte zu ihnen: »Habt keine Angst! Ihr sucht Jesus aus Nazaret, der ans Kreuz genagelt wurde. Er ist nicht hier; Gott hat ihn vom Tod auferweckt! Hier seht ihr die Stelle, wo sie ihn hingelegt hatten. Und nun geht und sagt seinen Jüngern, vor allem Petrus: ›Er geht euch nach Galiläa voraus. Dort werdet ihr ihn sehen, genau wie er es euch gesagt hat.‹«

Da verließen die Frauen die Grabkammer und flohen. Sie zitterten vor Entsetzen und sagten niemand ein Wort. Solche Angst hatten sie.

Nachdem Jesus früh am Sonntag auferstanden war, zeigte er sich zuerst Maria aus Magdala, die er von sieben bösen Geistern befreit hatte. Sie ging und berichtete es denen, die früher mit Jesus zusammen gewesen waren und die jetzt trauerten und weinten. Als sie hörten, dass Jesus lebe und Maria ihn gesehen habe, glaubten sie es nicht.

Danach zeigte sich Jesus in fremder Gestalt zwei von ihnen, die zu einem Ort auf dem Land unterwegs waren. Sie kehrten um und erzählten es den anderen, aber die **178** glaubten ihnen auch nicht.

Schließlich zeigte sich Jesus den Elf, während sie beim Essen waren. Er machte ihnen Vorwürfe, weil sie gezweifelt hatten und denen nicht glauben wollten, die ihn nach seiner Auferstehung gesehen hatten. Dann sagte er zu ihnen: »Geht in die ganze Welt und verkündet die Gute Nachricht allen Menschen! Wer zum Glauben kommt und sich taufen lässt, wird gerettet. Wer nicht glaubt, den wird Gott verurteilen. Die Glaubenden aber werden an folgenden Zeichen zu erkennen sein: In meinem Namen werden sie böse Geister austreiben und in unbekannten Sprachen reden. Wenn sie Schlangen anfassen oder Gift trinken, wird ihnen das nicht schaden, und Kranke, denen sie die Hände auflegen, werden gesund.«

Nachdem Jesus, der Herr, ihnen dies gesagt hatte, wurde er in den Himmel aufgenommen und setzte sich an die rechte Seite Gottes. Die Jünger aber gingen und verkündeten überall die Gute Nachricht. Der Herr half ihnen dabei und bekräftigte die Botschaft durch die Wunder, die er geschehen ließ.

Gottes Krimirolle

Kriminalgeschichten sind Dreiecksgeschichten. Sie spielen im Spannungsfeld zwischen Täter, Opfer und Ermittler. Deshalb bietet es sich an, die biblischen Krimis noch einmal anhand dieser drei Rollen Revue passieren zu lassen. Dabei soll zugleich der Frage nachgegangen werden, welche Rolle eigentlich Gott selbst auf dem Feld des Verbrechens spielt.

Zum Wesen krimineller *Täter* gehört es, dass sie unerkannt bleiben wollen. Wo ihr Name nicht ermittelt wird, stehen die Chancen gut, dass sie davonkommen. In den meisten Kriminalgeschichten der Bibel werden die Täter jedoch nicht nur erwischt, sondern auch beim Namen genannt – selbst dann, wenn es sich um Könige, Minister oder prominente Vorfahren des Volkes Israel handelt. Die Mörder, Hochverräter, Vergewaltiger, Diebe und Betrüger heißen Kain, Jakob, Laban, Sichem, Simeon, Levi, Mose, Abimelech, Achan, David, Amnon, Ahab und Isebel, Gehasi, Haman oder Herodes. Ihre Taten sind als persönliche Vergehen in den biblischen Krimis festgehalten und damit zugleich in die Geschichtsschreibung eingegangen. In einigen Erzählungen erfahren wir die Namen der Täter allerdings nicht – meist dann, wenn das Verbrechen von mehreren Tätern begangen wird. Dann fällt die

Tat entweder auf eine ganzen Stadt oder auf eine bestimmte Gruppe zurück. Auch sie wird in der Regel für ihr Vergehen haftbar gemacht.

Die biblischen Kriminalgeschichten erzählen allerdings nicht nur, *was* diese Personen verbrochen haben, sondern auch *warum*. Wir erfahren von Motiven und Zielen, Charaktereigenschaften und Hintergedanken. Manchen Täter trifft allein unsere Abscheu und Verachtung, mit anderen können wir uns teilweise sogar identifizieren. Am interessantesten erscheinen die schillernden Persönlichkeiten wie Jakob oder David. Sie sind gegen die Versuchung des Verbrechens nicht gefeit, erliegen ihr aber aus menschlicher Schwäche und nicht aus persönlicher Niedertracht. Ihre Vergehen machen bewusst, dass nicht hinter jeder Untat menschliche Verruchtheit stecken muss.

Ebenso wie die Bibel die Täter beim Namen nennt, gewährt sie meist auch den *Opfern* die Ehre namentlicher Erwähnung. Als Leserinnen und Leser werden wir mit den Betrogenen, Misshandelten und Ermordeten persönlich bekannt gemacht. Wir begegnen ihnen als Menschen, mit deren Namen zugleich die Erinnerung an das festgehalten wird, was sie erlitten haben. Die Bibel erzählt von den Untaten an Abel, Isaak und Esau, Jakob, Laban, Dina, Josef, Mose, Naaman, Nabal, Batseba und Urija, Tamar, Nabot, Jeremia, Susanna, Jesus und Paulus. Auffallend ist zum einen der Platz der Frauen unter den Opfern, zum anderen die teilweise Überschneidung mit den Tätern: Jakob, **181**

Laban und Mose sind in beiden Gruppen zu finden. Hier zeigt sich, dass die Rollen in biblischen Krimis nicht immer eindeutig verteilt sind. Auch das verbindet diese Geschichten mit unserem heutigen Leben.

Die *Ermittler* der Bibel schließlich sind, wie in jedem Krimi, Personen von besonderer Ausstrahlung und Fähigkeit: die Propheten Natan, Elia und Elischa, der weise Daniel, der treue Josua oder die mutige Ester. Diese »Hauptkommissare« der Bibel lösen ihre Fälle mit zum Teil unkonventionellen Ermittlungsmethoden, zeichnen sich dabei allerdings weniger durch herausragende Kombinationsgabe als vielmehr durch mutiges und raffiniertes Vorgehen aus.

Der wichtigste biblische Ermittler ist allerdings Gott selber. Die Mehrzahl der Fälle wird durch ihn oder zumindest mit seiner Hilfe gelöst, und selbst dort, wo ein Verbrechen ungesühnt bleibt, kann sich der Täter vor seinem Auge nicht verstecken. Adam und Eva kommt Gott ebenso auf die Spur wie Kain, Achan und David müssen sich vor ihm ebenso verantworten wie Ahab und Isebel. Auch wenn es biblische Kriminalgeschichten gibt, in denen Gott keine explizite Rolle spielt, muss im Verborgenen stets mit ihm gerechnet werden.

Dass Gottes Rolle in den Krimis der Bibel kaum überschätzt werden kann, hat seinen Grund vor allem darin, dass er nach biblischem Verständnis als Herr der Weltgeschichte auch der Herr der menschlichen Kriminalgeschichte ist. Da ihm die Welt mit allem, was darauf lebt, nicht gleichgültig ist, kann es ihn auch nicht kalt lassen, wenn Menschen sich aneinander vergehen.

Im Zuge der Strafverfolgung tritt Gott allerdings nicht nur als Ermittler, sondern auch als Ankläger und Richter auf. Die Verbrechen Einzelner ahndet er ebenso wie die Vergehen von Gruppen. Die hebräische Bibel deutet sogar das Schicksal des ganzen Volkes Israel aus dieser Sicht. Historische Schreckenserfahrungen wie den Untergang des Reiches Israel und die Deportation der Bevölkerung durch fremde Mächte versteht sie als Strafe Gottes für das Fehlverhalten von Herrschern und Volk. Zugleich spricht sie allerdings von einem durch Gott ermöglichten und von ihm gewünschten Neuanfang. Gottes Strafe ist somit nicht Selbstzweck, sondern Teil eines »Resozialisierungsprogramms«, dessen Ziel die Wiederherstellung eines Zusammenlebens in Frieden und Gerechtigkeit ist.

Mit der Passionsgeschichte stellt das Neue Testament die klassische Rollenverteilung des biblischen Krimis jedoch auf den Kopf. Jesus, der als Bevollmächtigter Gottes diesen auf Erden vollgültig repräsentiert, wird nicht nur Opfer von Verfolgung und Gewalt, sondern gerät selbst in den Verdacht, ein Gesetzesbrecher zu sein. Als er am Ende den Tod eines Kriminellen am Kreuz stirbt, wächst Gott plötzlich eine ganz neue Krimirolle zu. Nun ist es auf einmal an ihm, Unschuld zu beweisen. Dabei sprechen die Indizien eher gegen seinen Mandanten – der Bruch jüdischer Gesetze war Jesus zweifelsfrei nachzuweisen. Doch mit der Auferweckung Jesu rehabilitiert Gott den **183** zum Tode Verurteilten vor den Augen der Welt. Der vermeintliche Gotteslästerer entpuppt sich in Wahrheit als von Gott Gesandter. Zugleich gewinnt Gott selbst auf dem Feld des Verbrechens einen neuen Platz. Denn indem Jesus die Opferrolle auf sich genommen hat, hat er – und in ihm Gott – sich mit den übrigen Opfern von Verbrechen und Gewalt auf einmalige Weise solidarisiert. Alle, die unter kriminellen Vergehen zu leiden haben, können angesichts dieser Tat Gott fest auf und an ihrer Seite wissen.

Zugleich hat Jesus mit seinem Kreuzestod aber auch die ihm aufgetragene Botschaft von der vergebenden Liebe Gottes für *alle* Menschen bis ins Letzte beglaubigt. Kreuzestod und Auferweckung Jesu beweisen, dass keine Kraft der Welt diese Liebe aufhalten oder gar vernichten kann. Sie gilt – und das ist eine der Zumutungen der biblischen Kriminalgeschichten bis in heutige Zeit – sogar noch den Tätern, die durch ihr Handeln Gott selbst herausfordern. Dies schließt die Bestrafung ihrer Verbrechen nicht aus, aber es hält die Möglichkeit zu einem Neuanfang jenseits von Schuld und Strafe offen. So erweist sich der Gott der Bibel am Ende nicht nur als Ermittler, Ankläger und Richter, sondern auch als Vertrauter der Opfer und Retter der Täter.

Kritische Leserinnen und Leser werden vielleicht an dieser Stelle die Frage aufwerfen, ob Gott in der Bibel nicht teilweise auch in der Rolle eines kriminellen Täters zu sehen sei. Zu denken wäre etwa an Texte, in denen Gott selbst gewalttätig und zerstörerisch handelt, z. B. bei der Vernichtung ganzer Städte wie Sodom und Gomorra, bei der Tötung der ägyptischen Erstgeburt während des Auszugs der Israeliten aus Ägypten, bei der massenhaften Tötung von Zivilisten in den von Gott befohlenen und angeführten Kriegen oder auch bei dem in der Offenbarung des Johannes vorhergesehenen Blutbad am Ende der Weltzeit.

In der Tat gibt es Erzählungen von solchen göttlichen Gewaltanwendungen, die mit unseren heutigen Vorstellungen von Humanität, Menschenrechten und Völkerrecht schlechterdings nicht in Einklang zu bringen sind. In der Bibel werden sie in ethischer Hinsicht nicht problematisiert, aus heutiger Perspektive liegt es hingegen nahe, das zu tun. Allerdings ist es nicht ganz unproblematisch, unser heutiges Verständnis von ethisch Gebotenem und ethisch Verwerflichem einfach auf die biblischen Texte zu übertragen. Denn dabei wird die Tatsache übergangen, dass zur Entstehungszeit der Bibel teilweise ganz andere Vorstellungen von Recht und Gerechtigkeit herrschten. Dass Menschen damals in einem Ereignis, das aus unserer Sicht nur noch grausam und unmenschlich erscheint, das gerechte Wirken Gottes erkannten, hängt mit solch unterschiedlichen Verstehensvoraussetzungen zusammen. Sie zu ignorieren würde bedeuten, den biblischen Texten ihrerseits Gewalt anzutun. Ihnen werden wir weder gerecht, wenn wir sie lesen, als wären sie heute geschrieben, und dabei ihre normativen Voraussetzungen unkritisch übernehmen, noch wenn wir sie nur an unseren eigenen Vorstellungen von Recht und Unrecht messen. Vielmehr sind wir herausgefordert, sie trotz aller Anfragen ernst zu nehmen und auf das zu hören, was sie uns über die Zeiten hinweg sagen wollen. Dabei werden wir rasch feststellen, dass es der Bibel nicht darum geht, die Gewalttätigkeit Gottes zu verherrlichen, sondern darum, die heilvollen Auswirkungen seines Handelns herauszustellen. Wer den erwähnten Texten gerecht werden will, darf sich deshalb nicht darauf beschränken, sie von unserem heutigen Rechts- und Humanitätsverständnis aus zu kritisieren – was andererseits durchaus erlaubt sein muss –, sondern muss auch ihren jeweiligen theologischen Gehalt berücksichtigen, der oft gerade quer zur beschriebenen Gewaltanwendung liegt.

Wenn die vorliegende Auswahl von biblischen Kriminalgeschichten Gott als Täter im Sinne der Kriminalistik ausklammert, dann tut sie das also nicht, um in dieser Hinsicht etwas zu verharmlosen oder zu vertuschen, sondern in dem Bewusstsein, dass entsprechende Texte nach biblischem Verständnis eben keine Kriminalgeschichten sind. Wo Gott aus der Sicht des modernen Welt- und Wertebildes als »Täter« erscheinen mag, erkannten die biblischen Autorinnen und Autoren in ihm ihren Helfer und Retter. Ihm vertrauten sie, auf ihn setzten sie ihre Hoffnungen, auch und gerade im Angesicht von Untat und Verbrechen. Ein Text aus dem großen Gebetbuch der

Bibel, den Psalmen, soll dies zum Abschluss noch einmal verdeutlichen. Aus ihm spricht eine Sehnsucht, die auch heute ungebrochen aktuell ist (Psalm 10):

Warum bist du so weit weg, HERR?
Warum verbirgst du dich vor uns?
Wir sind vor Elend am Ende!
Schamlose Schurken stellen den Armen nach
und fangen sie in heimtückischen Fallen.
Sie geben auch noch damit an,
dass sie so unersättlich sind.
Nichts zählt bei ihnen, nur ihr Gewinn.
Sie danken dir nicht, Gott, sie lästern dich nur!

In ihrem Größenwahn reden sie sich ein:
»Wie sollte Gott uns zur Rechenschaft ziehen?
Wo er doch gar nicht existiert!«
Weiter reicht ihr vermessenes Denken nicht.
Sie tun, was sie wollen, und alles gelingt.
Ob du sie verurteilst, berührt sie nicht;
du bist ja so fern dort oben!

Sie lachen spöttisch über jeden Gegner.
»Was soll uns erschüttern?«, sagen sie.
»An uns geht jedes Unglück vorüber;
so war es immer, so bleibt es auch!«
Sie fluchen, sie lügen und drohen,
was sie reden, bringt Verderben und Unheil.

187

Im Hinterhalt liegen sie nah bei den Dörfern,
warten auf Leute, die nichts Böses ahnen,
heimlich ermorden sie schuldlose Menschen.
Sie liegen und lauern wie Löwen im Dickicht,
sie spähen nach hilflosen Opfern aus
und fangen sie ein mit ihren Netzen.
Sie ducken sich, werfen sich auf die Armen
und stoßen sie nieder mit roher Gewalt.
Bei alledem sagen diese Verbrecher:
»Gott fragt nicht danach, er sieht niemals her,
er will von uns gar nichts wissen.«

Steh auf, HERR! Greif doch ein, Gott!
Vergiss nicht die Schwachen,
nimm sie in Schutz!
Lass nicht zu,
dass die Schurken dich missachten!
Warum dürfen sie sagen:
»Er straft uns ja nicht«?
Aber du bist nicht blind!
Du siehst all das Leiden und Unheil
und du kannst helfen.
Darum kommen die Schwachen und Waisen zu dir
und vertrauen dir ihre Sache an.
Zerschlage die Macht der Unheilstifter,
rechne mit ihnen ab,
mach dem Verbrechen ein Ende!

Du, HERR, bist König für immer und ewig.
Die Fremden, die nichts von dir wissen wollen,
müssen aus deinem Land verschwinden.
Du nimmst die Bitten der Armen an,
du hörst ihr Rufen, HERR,
du machst ihnen Mut.
Den Waisen und Unterdrückten verschaffst du Recht
und lässt keinen Menschen mehr Schrecken
verbreiten auf der Erde.